당신의 자녀도 거장이 될 수 있다

당신의 자녀도 거장이 될 수 있다

발행일   2020년 4월 10일

지은이   김다윗
펴낸이   손형국
펴낸곳   (주)북랩
편집인   선일영   편집   강대건, 최예은, 최승헌, 김경무, 이예지
디자인   이현수, 한수희, 김민하, 김윤주, 허지혜   제작   박기성, 황동현, 구성우, 장홍석
마케팅   김회란, 박진관, 조하라, 장은별
출판등록 2004. 12. 1(제2012-000051호)
주소   서울특별시 금천구 가산디지털 1로 168, 우림라이온스밸리 B동 B113~114호, C동 B101호
홈페이지   www.book.co.kr
전화번호   (02)2026-5777   팩스   (02)2026-5747

ISBN   979-11-6539-151-5 03370 (종이책)   979-11-6539-152-2 05370 (전자책)

이 도서의 국립중앙도서관 출판예정도서목록(CIP)은 서지정보유통지원시스템 홈페이지(http://seoji.nl.go.kr)와
국가자료공동목록시스템(http://www.nl.go.kr/kolisnet)에서 이용하실 수 있습니다.
(CIP제어번호: CIP2020014379)

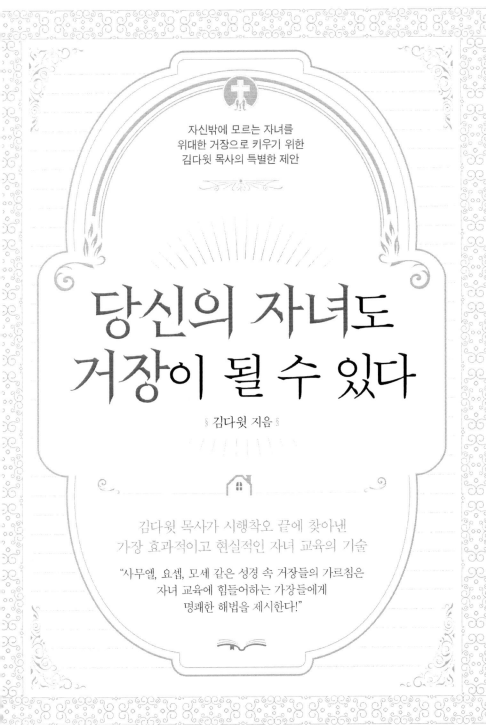

자신밖에 모르는 자녀를
위대한 거장으로 키우기 위한
김다윗 목사의 특별한 제안

당신의 자녀도
거장이 될 수 있다

§ 김다윗 지음 §

김다윗 목사가 시행착오 끝에 찾아낸
가장 효과적이고 현실적인 자녀 교육의 기술

"사무엘, 요셉, 모세 같은 성경 속 거장들의 가르침은
자녀 교육에 힘들어하는 가장들에게
명쾌한 해법을 제시한다!"

북랩 book Lab

하나님께 영광을 드린다.

그리고 그분의 딸이며 나로 하여금 역경을 딛고

다시 하나님의 사람이 되게 한

사랑하는 아내 김다리아에게

이 책을 바친다.

처음 이 책을 세상으로 내보낸 것은 지금으로부터 14년 전이었
다. 그땐 3남 3녀를 둔, 마흔 중반의 나이를 달리던 젊은 아빠였
다. 그런데 이젠 환갑을 맞은 3남 5녀의 아버지이자 세 명의 손
자를 둔 할아버지다.

얼마 전 나는 우연히 이 책, '당신의 자녀도 거장이 될 수 있다'
를 다시 읽게 되었다. 그런데 나도 모를 진한 감동이 내 혼을 휘
저었다.

✦14년 전
바닷가 오두막에서

목사로서 섬기던 교회를 사임하고 처와 네 아이를 데리고 파도

소리가 가까이 들리는 아주 초라한 월세 20만 원짜리 바닷가의 오두막으로 거처를 옮겼다. 서툰 목회 생활에서 벗어나 아무도 주목하지 않는 우리 가족만의 삶을 살아가면서 비로소 나는 커다란 해방감을 맞았다. 목회를 떠난 우리는 그곳에서 주님을 더 친밀히 만나 뵙고 그분과 깊은 교제에 빠지게 되었다.

그때 우린 정말 열심히 예배를 드렸다. 마치 예배를 드리기 위해 태어난 사람들처럼 그렇게 예배드리는 일에 매달렸다. 천장과 하늘 사이에 함석지붕 하나밖에 없었던 그 집은 여름이면 영상 30도 아래로 내려가는 일이 드물었다. 겨울엔 벽에 붙은 선풍기처럼 생긴 전기난로가 쉴 새 없이 돌아갔지만, 실내 온도가 영상 17도를 넘기지 못했다.

✳주님이 말씀하셨다

그 바닷가의 오두막 살이에 익숙해질 무렵, 주님은 '책을 쓰라.'라는 감동을 마음에 담아 주셨다. 그래서 나는 놀라서 어떠한 책을 써야 할지를 여쭈었는데, 이어서 말씀하셨다.

"네 가정 안에서 일어난 일을 쓰거라. 네 아이들에 관한 이야기를 써라."

그래서 나는 "한 번도 해 보지 않았던 일이지만 쓰라고 하시면 쓰겠습니다. 그런데 제가 쓴 책을 누가 출판해 주겠습니까?"라고 여쭈었지만, 그에 대해선 말씀이 없으셨다.

　책을 쓰는 일은 그리 어렵지 않았다. 그냥 시냇물이 흐르듯이 줄줄 써졌다. 그것은 창작이 아닌 그간의 기록이었기 때문이다. 포항의 한동대학교 안에 있던 나의 조그만 사무실에서 책을 탈고하고 노트북을 덮는 순간, 출입문을 노크하는 소리가 났다.

　포항 MBC의 PD 한 분이 카메라 감독 한 분을 모시고 내 사무실을 찾았다. 교육에 관한 도서를 제작한다는 소문을 듣고 왔다며 인터뷰를 요청했다. 거듭 거절하는 나를 결국 설득하여 우리 가정에 관한 20분 분량의 다큐멘터리를 제작하여 경북 지역에 방영했다. 그 방송을 인터넷으로 시청했던 KBS 〈인간극장〉 제작팀에서 연락이 와서 '천국의 아이들'이라는 타이틀로 우리 가족의 이야기를 담은 5부작 다큐멘터리가 전국에 방영되었다.

　그 후에 이 책, '당신의 자녀도 거장이 될 수 있다'가 세상에 나오게 되었다.

　그 후 우리 가족은 또다시 세상을 돌아다녔다. 필리핀에서 오랜 기간을 살았고, 마침내 아내의 고향인 모스크바에서 선교 사역을 이어갔다. 그 세월을 지나는 동안 두 아이는 결혼해서 아이들을 낳았고, 이 책이 처음 출간된 해에 태어났던 딸 에클레시아는 중학교 2학년의 나이가 되었다.

﹡그래도 행복했다

애초에 계획한 일은 아니었지만 나는 비교적 다른 사람들보다 많은 아이를 낳았다. 그래서 우리 가족은 늘 분주했다. 차 없이 외출하는 날이면 두 대의 택시가 필요했고, 외식하려면 늘 두 개의 테이블이 필요했다. 해외에 나갈 때도 항공기 좌석의 한 줄이 모두 필요했다. 한 끼의 아침 식사는 식빵 한 줄로도 모자랐고, 간혹 먹는 라면도 한 번에 10개는 끓여야 했다. 탄산수 한 박스로 일주일을 버티는 일도 불가능했다.

그래도 행복했다. 무엇이든 함께하는 일에 우리의 행복이 숨어 있었다. 우리는 가난했지만 늘 부유했다. 늘 함께 다녔고 현실보다는 항상 꿈을 이야기했다. 어려운 고비마다 가족이라는 틀로 인해 이겨 냈다.

﹡그런데
부모는 누구인가

이 땅의 그 어떤 부모가 훌륭한 부모라는 타이틀을 움켜쥘 수 있을까? 그 어떤 자녀가 자신의 부모에 대해 만족하다고 말할 수 있을까?

나는 일찍이 가장 훌륭한 남편이자 가장 존경받는 아빠가 되고 싶었다. 때로 나는 그렇게 알려지기도 했고 또 스스로 그렇게 느끼기도 했다.

그런데 그것은 사실이 아니었다. 그럴수록 나 자신에게서 깊은 괴리감과 절망감을 감출 수가 없었다. 나는 결코 그럴 수 없음을 알게 되었다. 그래서 때로는 나 자신에게 분노했고 실망했다.

✳난 널 세상에서 가장 많이 사랑해

얼마 전 막내 라라에게 "아빠 세상에서 널 가장 많이 사랑해!"라고 말했다. 그때, 그 말을 옆에서 듣고 있던 딸 아도니아가 말했다.

"아빠 나한테도 그 말을 했잖아!"

그런데 그 말은 사실이다. 아빠는 최상급의 말을 둘 이상에게도 사용할 수 있는 사람이다. 난 내 여덟 명의 아이들에게, "너를 세상에서 가장 사랑해!"라고 말할 수 있다.

그것이 아빠의 능력이다. 세상의 그 어떤 아빠라도 마찬가지일 것이다. 아이를 둘 이상 가진 아빠라면 말이다.

사랑한다면 말을 해

흔히 세상은 '당신이 사랑하기 때문에 무얼 했냐?'라고 다그친다. 때로 아이들도 말할 것이다. "나를 사랑하기에 내게 무얼 해주었느냐?"라고 말이다.

세상은 사랑에 대해 '그에 걸맞은 행동'이라고 알고 있지만, 나는 세상에 고한다. 사랑은 입술에 매달려 있다고, 그리고 사랑한다면 사랑한다고 말하라고.

사랑에 맞는 행동을 하고서야 사랑한다고 말하지 말고, 사랑한다면 그냥 사랑한다고 말하라. 그를 가장 많이 사랑한다고 말하라. 하루에 여러 번, 아니 백번이라도 말하라. 그 말이 당신의 행동을 이끌어 낸다.

사랑에 반하는 지난날의 행동을 기억하지 말고 지금 사랑한다면 '사랑한다.'라고 말하면 된다. 훌륭한 부모가 되려고 하지 말고 그냥 지금 아이들에게 사랑한다고 말하라.

마음으로 믿고 입으로 고백하라

마음은 밭이다. 마음에 사랑의 씨앗을 심는 일은 입으로 말하는 것이다. 말로써 그 싹을 틔우고 말로써 그 밭에 물을 주어야 한다. 당신이 누군가를 사랑한다면 끊임없이 고백해야 한다. 말로 표현할 수 없는 사랑은 사랑이 아니다. 사랑을 잃게 되면 입은 마비된다. 입을 사용하면 죽은 사랑도 살린다.

✻사랑해요, 아빠!

수년 전 필리핀에서 조그마한 학교를 운영하고 있을 때, 아이들에게 한국에 있는 부모님께 전화 통화로 사랑한다고 고백하면 상을 주겠다고 제의한 적이 있다. 아이들 모두 이전에 부모님께 사랑한다는 말을 해 본 적이 없다고 했다.

애써 전화기를 든 한 여학생이 아빠와의 통화에서 거듭 "아빠"라고 부르기만 할 뿐, 사랑한다는 말을 하지 못했다. 여러 차례 울먹이기를 반복하다가 "아빠, 사랑해!"라고 말하자, 멀리 수화기 너머로 아빠의 흐느끼는 소리가 새어 나왔다.

✦오늘 사랑하는 일은
   내일 천하를 선물하는 일보다도 귀하다

이제 가장 훌륭한 부모가 되겠다는 망상을 버리자. 그것은 물

없는 논에서 알찬 추수를 기대하는 것처럼 어리석은 일이다. 사랑은 아이들이 원하는 것을 다 해 주는 일이 아니다. 사랑은 아이를 이해해 주는 일이다. 그가 왜 그렇게 말하는지, 그가 왜 그렇게 행동하는지, 그가 왜 그것을 원하는지를 이해하려고 하는 것이다.

그리고 그의 이야기를 들어 주는 것이다. 그럼에도 그를 사랑하다고 말하는 것이다. 그것이 사랑이다.

잘 키운 아이

흔히 세상은 좋은 학교를 보내고 좋은 직장을 갖게 해 준 것이 아이를 잘 키운 것이라고 말한다. 잘 키운 아이가 되게 하는 일은 그로 하여금 행복한 삶을 살도록 하는 일이다. 행복의 조건은 간단하지 않다. 좋은 직장, 좋은 직업이 행복의 요소가 될 수는 있지만, 그것이 다가 아니다. 한 걸음, 한 걸음 삶을 배우고, 그 안에 언제 어디서라도 세상을 이길 수 있는 행복의 DNA를 쌓아 가는 일이다.

행복은 그를 위한 요소를 갖추는 일이 아니다. 행복은 그 자체로 삶을 이끄는 것이다. 행복하기 위해 조건을 쌓아 가는 것이 아니다. 행복한 인생이기에 삶을 행복하게 살 수 있음을 믿을 수 있다. 그것이 행복의 기술이다.

아이들이 함께 있다면 인생은 아름다울 수밖에 없고, 그 안에 사랑이 있다면 행복할 수밖에 없는 것이 인생이다.

"한 사람을 구하는 일은 세상을 구하는 일이다."

탈무드에 기록된 말이다. 한 아이를 이해하는 것은 한 아이를 살리는 일이고, 한 아이를 행복하게 하는 것은 온 세상을 구원하는 일이다.

온 세상이 '코로나 19'로 절망하고 있는 때에 나는 말한다.

"이 모든 것은 지나가게 될 것이다. 그 승리는 인류에게 있으며, 그 이유는 이 땅에 가족이 있기 때문이다."

이 시대의 사랑 가득한 아빠이자 남편, 그리고 할아버지

김다윗

목차

제1부

거장은
누구인가

1장
하나님의 자녀

✦아버지의
탄식

　나는 항상 자녀의 교육에 자신이 없었다. 큰아이가 첫돌을 채 넘기기도 전에 나는 선교지로 향했고 언어도 문화도 생소한 그곳에서 짧지 않은 세월을 보냈다. 그러다 그곳에서 둘째와 셋째를 낳았고 급기야 난 그 땅에서 이혼을 경험했다. 세 아들을 둔 아빠인 채로 나는 남편이란 직분을 상실하게 된 것이다. 그것도 현역 선교사로서······. 모든 것이 나의 잘못이었다.

돌이킬 수 없는, 벗어 버림으로써 더더욱 무거워져 버린 멍에를 안고 그 거룩한 선교지에서 난 울면서 죽지 못해 살았다. 그 후 형언하기 어려운 선교지에서의 삶에서 탈출하여 세 아들과 함께 아무도 반기지 않는 조국 땅을 밟았다.

큰아이가 초등학교에 입학하던 날, 나는 남몰래 울었다. 입학식 날 잡을 엄마의 손이 없는 장남을 보며 난 그날 내 삶을 저주하며 울고 또 울었다. 나에게 있어 아이들의 교육 문제는 나를 너무나도 크게 짓누르는 짐이었고, 지기 힘든 무거운 멍에였다. 아내 없이 혼자서 아이들을 입히고 먹이는 일이나 혼자된 남자로서 아이들을 가르치는 일은 나를 깊은 절망의 늪에서 허우적거리게 했고 삶의 길에서 나 자신을 잃게 했다.

아이들을 재우고 난 어느 날 밤, 나는 아이들의 머리맡에 앉아 아이들을 잘 가르칠 수 없다는 절망감에 사로잡혀 하나님 앞에서 땅을 치며 통곡하고 울고 또 울었다. 그런데 놀랍게도 그날 밤 내 울음 속에서 나는 그분의 탄식 소리를 들었다.

"세상의 많은 부모는 자식들을 영재로 키우기 위해 저토록 애를 쓰고 있는데, 내 백성들은 내가 허락하여 보낸 나의 자녀들을 위한 영적인 영재 교육에는 왜 이리도 관심이 없는 것인가."

나는 그날 밤 그분께 말씀드렸다. 주님이 허락하시면 내가 그 일을 해보겠다고, 하나님의 아이들을 하나님이 원하시는 방법으로 양육하겠다고. 나는 그날 밤 그분께 눈물로 약속드렸다. 슬픔으로 부르짖는 나를 긍휼히 보시고 하나님은 그 후로 계속 아이들을 향한 당신의 꿈을 들려주셨다.

나는 그날 밤 두 가지 사실을 알게 되었다.

이 땅의 모든 아이는 하나님의 자녀이고, 그분 역시 자신의 아이들 때문에 울고 계시다는 것이다.

✳하나님의
자녀

나는 그날 밤 이후 내가 돌보고 있는 아이들이 내 아이가 아닌 하나님의 자녀임을 깨닫게 되었다. 내 성을 따르고 내 집에 살고 있지만 아이들이 분명 그분의 자녀임을 알게 된 것이다. 하기야 그들이 이 땅에 오게 된 일에 대해 내가 한 일은 아이들의 엄마를 사랑한 것 외에는 아무것도 없었다. 아이들이 엄마의 배 속에 있을 때, 난 그들이 남자아이인지 여자아이인지도 몰랐다. 아이들이 자라면서 아프기라도 할 때면 난 그들의 고통을 조금이라도 감하게 해 줄 어떠한 힘도 가지고 있지 않았다. 비록 내가 그들을 먹이고 입힌다고 할지라도 그것 역시 나를 지키시는 하나님이 주신 것들로 가능했지 나의 힘은 아니었다. 나는 나와 함께 있는 아이들이 나의 자녀가 아닌 그분의 자녀임을 알게 된 것이다.

이 사실을 깨닫고 난 뒤, 나는 점차 아이들에 대한 부담이 사라졌다. 도리어 내가 극한 가난이나 어려움 속을 지날 때도 하나님의 아이들이 나와 함께 있음으로 인해, 그들을 사랑하시고 축복하시는 그들의 진정한 아버지로 인해 나까지 그 축복과 사랑 안에 있음을 알게 되었다. 그 후 나는 아이들을 생각하며 '사랑하는 내 아이들'이라든지 '내 자식'이란 말을 입에도 담지 않았고 마음속에서도 생각지 않았다. 대신 '사랑하는 하나님의 딸', '축복받은 하나님의 아들'이라고 그들을 불렀다.

✳아이들을 우리 가정에
   보내신 이유

왜 하나님은 그분의 아이들을 우리네 가정으로 보내셨을까? 하나님께서 이 땅의 모든 창조를 마치시던 날, 첫 번째로 하신 일은 바로 가정을 세우고 축복하는 일이었다. 그 축복의 말씀은 바로 이것이다.

> "생육하여 번성하여 땅에 충만하라. 땅을 정복하라. 바다
> 의 고기와 공중의 새와 땅에 움직이는 모든 생물을 다스리라
> (창세기 1:28)."

당신의 자녀도 거장이 될 수 있다

'생육'이란 단어는 '열매를 맺다(be fruitful).'라는 의미이고 '번성'이란 단어는 '수적으로 증가하다(increase in number).'라는 뜻이며, '충만하다.'라는 것은 '땅에 가득하다(fill the earth).'라는 뜻이다. 하나님은 축복하신 가정 안에 열매가 있고 그것이 증가하여 이 땅에 가득하기를 원하셨다. 그리고 우리가 가정을 통해 땅을 정복하고(이기고) 하나님이 창조하신 만물을 다스리기를 바라셨다. 이 높으신 뜻에 따라 그분은 우리의 가정에 그의 자녀들을 보내 주신 것이다.

나는 깨달았다. 하나님의 기뻐하시는 뜻 안에서 세대가 흐를수록 우리의 가정이 영적으로 깊어지고 그 삶에 열매가 가득해짐으로써 이 땅에서 당신의 뜻을 이루는 것이 그분의 계획이란 것을.

하지만 사람들이 하나님의 놀라우신 사랑과 축복된 계획을 모른 채 하나님의 자녀를 자신의 것으로 여기고 사람의 방법으로 교육하며 자신의 감정대로 대하려고 할 때, 더 이상 하나님의 자녀들을 양육하는 기쁨과 축복을 누리지 못할 뿐만 아니라 가정을 통한 그분의 높고도 깊은 뜻을 깨닫지 못하게 된다. 심지어 그들에게 자녀는 부모를 힘들게 하고 등을 짓누르는 부담감만 주는 존재로만 여겨지게 된다. 하나님의 아이들은 부모에게 기쁨과 감동을 주지만, 사람의 아이들은 부모를 지치고 괴롭게 한다.

✱내 곁을 떠나간
아들

1998년 5월 6일 수요일, 교우들의 가정을 심방하고 교회로 돌아와 점심 식사를 하고 있었을 때, 나를 찾는 전화가 울렸다. 다름 아닌 둘째 다윗이 사고를 당해 응급차의 도움을 받아 인근 병원으로 실려 갔다는 것이었다.

달려간 병원에서 만난 다윗은 항상 나를 보며 밝게 웃던 모습이 아니었다. 싸늘한 시신이 된, 내 생애 처음 보는 모습의 아들 다윗이 그곳에 있었다. 교우들의 집을 심방하며 말씀을 전하고 있던 바로 그 시간에 내 아들 다윗은 사고로 죽은 것이다. 그 자리에서 난 무릎을 꿇어 아들의 머리에 손을 얹고 기도했다.

"하나님 아버지! 감사합니다."

나는 내가 드린 기도의 첫 마디에 놀랐다. 그 한마디는 나의 이성을 거치고 나의 뇌리를 통과한 말이 아니었기 때문이었다. 나는 내가 드린 그 기도의 내용을 이해할 수 없었지만 기도를 계속 이어 나갔다.

"아들 다윗이 죽은 이 상황에서도 내가 부를 수 있는 아버지 당신이 계셔서 감사합니다."

서둘러 난 그 기도를 끝냈다. 그 후에 난 이 기도의 의미를 알게 되었다. 하나님, 나의 아버지께서 나를 위하여 자신의 자녀인

다윗을 내게 보내 주시어 하나님의 아이를 양육하는 기쁨을 5년 7개월 동안 주셨다. 그리고 이제 자신의 아이를 당신의 나라로 데려가신 그분의 사랑을 깨닫게 된 것이었다.

다음 날, 이 땅에 남아 있는 다윗의 육체를 흙으로 돌려보내는 고별 예배에서 난 설교를 마친 뒤 두 아들과 함께 손을 높이 들고 '왕이신 나의 하나님'을 노래했다.

"주신 자도 여호와시오 취하신 자도 여호와시오니 여호와의 이름이 찬송을 받으실지니이다(욥기 1:21)."라고 고백했던 욥의 믿음과 행동이 나에겐 더 이상 생소하지 않았다. 나는 다윗을 그분이 계신 곳으로 보내 드리면서 아직 이곳에 남아 있는 하나님의 아이들을 양육함에 있어 그분의 뜻을 따라 그분의 말씀대로 가르칠 것을 결심했다.

2장
아버지의 아이들을
아버지의 방법대로

세상의 모든 것들은 창조 이래 정해진 위치가 있다. 따라서 만물은 바른 장소에 있을 때 가치가 있고 아름답다.

내가 본 싱가포르의 동물원은 참 아름다웠다. 꾸며 놓은 동물들의 우리며 정원은 참 보기 좋았다. 그리고 무엇보다 눈길을 끄는 것은 주위의 호수와 숲이었다. 그렇지만 우리 속에 갇혀 있는 동물들은 행복해 보이지 않았다. 포효하는 몸집 큰 호랑이도 그리 용맹스러워 보이지 않았으며, 큰 유리 벽 속에서 헤엄치는 하마도 그렇게 가엾어 보일 수가 없었다. 호수가 보이는 우리 속의 호주산 캥거루의 눈은 슬프기까지 했다.

그러나 아프리카 케냐에서 선교 여행 중에 경비행기에서 내려 지프차를 타고 가다 밀림에서 만난 코끼리는 너무나도 여유롭고 행복해 보였고, 그 가까이에서 활보하던 타조는 도망갈 생각은커녕 길가에서 만난 낯선 인간을 향해 '이곳까지 뭣 하러 왔느냐?'라며 마치 우리 일행을 나무라는 것처럼 보이기까지 했다. 아프리카의 동물들은 하나님이 만들어 두신 바로 그곳에 있었다. 아무도 손대지 않은 순수한 하나님의 숲을 거닐면서 그들은 자연에 어울리는 모습으로 살고 있었다.

하나님의 아이들은 하나님의 방법대로 양육되어야 하고 그분의 말씀대로 가르침을 받아야 한다. 하나님을 믿고 우리의 아이들이 하나님이 보내신 그분의 자녀라고 고백한다면 하나님의 말씀으로 그들을 양육하고, 부모들 또한 그분의 말씀에 순종하는 삶을 살아야 한다.

✢여호수아 1장 8절

하나님은 나에게 하나님의 아이들을 양육함에 있어 먼저 이 말씀을 붙들게 하셨다.

"이 율법 책을 네 입에서 떠나지 말게 하며 주야로 그것을 묵상하여 그 가운데 기록한 대로 다 지켜 행하라. 그리하면 네 길이 평탄하게 될 것이라 네가 형통하리라(여호수아 1:8)."

여호와께서는 여호수아 1장 1절부터 9절에서 모세의 뒤를 이어 큰 사명을 부여받은 여호수아에게 놀라운 말씀으로 그를 격려하며 축복하시고 당부하신다. 한마디로 그의 삶의 길을 평탄하게 하시고 형통의 축복을 주실 것이니 이를 위해 하나님의 말씀을 읽고 외우고 묵상하고 순종하라는 것이었다.

*어떻게 그의 길이
   평탄할 수 있었을까

지붕도 담도 없는 한 공간에서 60만 명(여인들과 아이들은 이 수에 포함되지도 않았다.)이나 되는 사람들이 살 뿐만 아니라 지도자인 여호수아는 그들의 이동을 인도한다. 그런 그의 길이 어떻게 평탄하고 형통할 수 있겠는가? 하지만 여호와 하나님께서는 그의 종 여호수아에게 명령하셨고, 당신의 말씀을 순종한 여호수아에게 형통과 평탄의 축복을 내려 주셨다.

나는 하나님께서 내게 보내 주신 아이들의 길이 평탄하고 형통하길 바랐다. 그래서 나의 아이들에게 성경을 읽히기 시작했고 외우게 했다. 그리고 우리는 함께 하나님의 말씀을 묵상하고 순종하는 삶을 배워 나갔다. 나는 여호수아에게 하신 그 말씀을 우리 가족에게 주신 말씀으로 받아들였다. 말씀을 읽고 외우며 묵상하고 순종하는 이 일을 나는 삶의 가장 최우선으로 삼았고 아이들에게 그것을 가르쳤다.

육십만 명 중의 한두 사람

너무나도 많은 사람이 이 땅을 채우고 살아가고 있지만, 하나님은 자신의 말씀에 순종하는 신실한 사람들을 통해 자신의 역사를 이루어 가신다. 항상 하나님은 먼저 말씀하시고 순종을 요구하시며 그 대가를 기쁨으로 지불하는 이들을 사용하시어 역사를 움직이고 축복하신다.

하지만 많은 사람이 하나님의 뜻을 알려고 하지 않는다. 설령 그것을 깨닫게 되더라도 모두 다 순종하는 것은 아니다. "나와 내 집은 여호와를 섬기겠노라(여호수아 24:15)."라고 외쳤던 여호수아는 홍해를 건넜던 육십만 명 가운데서 요단강을 건너 가나안으로 들어간 단 두 사람 중의 한 사람이었다.

나는 이 책에서 하나님이 사용하시는 사람들을 일컬어 '거장'이라고 표현하려 한다. 나는 아직 어려서 하나님의 마음을 다 알수는 없지만 그분은 그분의 마음에 합한 사람들을 특별히 관리하시고 대우하시는 것 같다. 그들은 많은 무리의 사람들 가운데서도 단연 하나님께 돋보이는 사람들이고 죄악 된 세상 가운데도 하나님을 향해 서 있는 거룩하고 순결한 사람들이다. 물론 그들의 수는 많지 않았지만 그들은 시대마다 있어 왔고, 항상 하나님의 말씀에 순종했다.

3장
거장은 누구인가

거장은
누구인가

　나는 이 책에서 '거장'이라는 문자의 뜻을 정의하려는 게 아니다. 단지 나는 그 단어를 사용하여 내가 말하고자 하는 하나님의 사람들을 설명하려는 것이다. 하나님은 이 땅에서 자신의 뜻을 이루시기 위해 사람들을 택하시어 보내신다. 그리고 당신의 영광을 위해 그들을 사용하시는데, 그들이 바로 거장이다.

그들은 먼저 하나님의 말씀에 순종하며 자신의 삶을 그분께 기꺼이 드린다. 물론 그들도 간혹 실수를 하지만, 실패하지는 않는다. 그들 덕분에 세상 사람들은 하나님을 알게 되고, 그들은 이를 하나님의 영광으로 돌려 드린다.

성경에는 거장들의 이름들로 가득하고 지금도 이 세상 곳곳에는 알려졌든 그렇지 않든 거장들이 존재하며 그들에 의해 세상이 움직이고 변한다. '거장'이라는 단어가 그 놀라운 사람들을 다 담아낼 순 없지만, 난 이 단어가 가진 매력 때문에 그들을 '거장'이라 부른다.

거장은 영재도 아니고 천재도 아니다. 영재나 천재들은 그들의 지식이나 두뇌로 사람을 놀라게 하고 때로 사람들에게 편리를 제공한다. 그러나 거장의 자취처럼 다른 사람들의 인생을 변화시키거나 세상을 감동시키지는 못한다. 거장은 지식이 아닌 지혜로, 머리가 아닌 가슴으로 세상을 섬기며 사랑한다. 영적인 거장은 하나님의 사람이 되어 그분의 뜻이 이 땅에 임하게 한다.

이 땅에는 거장이란 이름으로 살다간 사람들이 있고, 지금도 거장이라 불리는 이들이 있다. 하지만 이 책에서 말하는 거장은 그런 모두를 부르는 말이 아니다.

우선 거장은 하나님을 만난 사람이고, 그래서 하나님으로부터 사명을 받은 사람이며, 그 꿈을 이루기 위해 하나님과 함께 살았던 사람이다. 삶의 열매를 통해 이 땅에 큰 행복을 선사했으며 인류를 구하는 일을 위해 하나님 앞에 무릎 꿇고, 헌신을 통해 세상 사람들을 변화시킨 사람이다. 그들도 고난을 당할 때 아픔을 느끼지만 그것을 결코 피하려 하지 않고 맞서 싸워 이긴다. 무엇보다도 거장은 자신의 삶에서 행복을 느끼며 또한 자신이 걸어온 길을 후회하지 않는다. 그리고 다시 태어나도 그 길을 걸을 것이라고 고백한다.

이 땅에는 육에 속한 거장들도 있었다. 그리고 그들 중에는 정작 스스로는 불행했던 사람들도 적지 않았다. 그것은 그들이 세상의 지식에 의존하고 자신의 능력을 의지했던 사람들이었기 때문이었다. 그들은 '타인을 구한 뒤 자신은 넘어진 사람들'이었다. 그리고 자신의 최후를 자살로 끝낸 거장도 많았다. 그들은 모두 실패한 거장들이다.

이 책에서 말하는 거장은 아브라함과 같은 사람이고 요셉과 같은 사람이다. 모세도 거장이었고 사무엘도 시대의 거장이었으며 다윗도 그러했다. 신약에서는 세례 요한이 그랬으며 바울 역시 거장의 반열에 서기에 충분했다. 여성으로서는 사무엘을 거장으로 만든 그의 어머니 한나를 들 수 있으며, 예수님의 어머니였던 마리아 역시 그러했다. 그 외에도 우리는 성경과 역사 가운데서 무수한 거장을 만날 수 있다.

내가 믿기엔 하나님은 세상 사람 모두가 이러한 거장이 되기를 원하신다. 그래서 대학생 선교회(CCC)에서 발행한 전도용 소책자

『사영리』는 이렇게 시작한다.

'하나님은 당신을 사랑하시며 당신을 위한 위대한 계획을 가지고 계십니다.'

⋆거장들의 길

거장으로 가는 길은 있다. 하지만 아무 데서나 그 길을 찾아볼 수 있는 것은 아니다. 길이 아닌 곳에서 아무리 오랜 세월을 서성이고 있다 한들 목적지에 도달하지 못함은 너무나도 뻔한 일이다. 또 우리가 그 길을 발견하더라도 미끄러지듯 편히 가는 무빙워크 같은 길이 아님은 너무나도 당연하다. 그 문턱을 넘는 일은 허다한 방법 중의 하나를 선택해야 하는 그런 종류의 일이 아니다.

하지만 분명 길은 있다. 길은 주님으로부터 온다. 그 길은 험하지만, 거장들은 결코 홀로 가지 않는다. 하나님은 당신과 함께 그 길을 달리는 사람들을 높이시고, 사용하시며 축복을 베푸신다.

⋆가문이 아니다

가문은 중요하다. 하지만 항상 그런 것은 정말 아니다. 그리고 믿음의 가문은 정말 소중한 축복의 산물이다. 하지만 그 축복이 항상 이어지는 것도 아니다.

대소설가였던 헤밍웨이의 아들 그레고리는 60세가 넘어 성전환 수술을 받았고 그 후 여성 감옥에서 살다 숨졌다. 인도인의 위대한 영적인 지도자 간디의 아들 할리랄은 술과 여자에 빠져 살다 아버지의 장례식에도 참석하지 못한 불효자였다. 위대한 발명가 토머스 에디슨의 아들 토마스 주니어는 아버지의 이름을 사칭한 유령 회사를 차렸다가 사기죄로 고발당하기도 했고, 위대한 영국의 정치가 처칠의 아들 랜돌프는 교만과 자기도취로 인해 세계인의 조롱거리가 되기도 했다. 선지자 엘리의 두 아들의 타락은 말할 것도 없고 위대한 이스라엘의 선지자 사무엘의 두 아들, 요엘과 아비아는 뇌물을 받고 판결을 굽게 하여 백성들의 지탄의 대상이 되기도 했다.

앞에서 나열한 위인의 아들들은 나름의 특권을 갖고 태어났다. 헤밍웨이의 아들인 그레고리는 아버지의 위대한 문학적인 재능과 결코 무관하지 않았을 예술적인 배경을 갖고 태어났을 테고, 간디의 아들인 할리랄은 온 국민으로부터 칭송과 존경을 받는 예리한 지성과 고귀한 혼을 가진 아버지 밑에서 태어났다. 위대한 발명가의 아들도, 위대한 대정치가의 아들도 평범한 사람들의 아들과는 너무나도 다른 배경을 갖고 태어났다.

*그러나 그들은
아버지와는 달랐다

세상의 바쁜 아버지들은 자신들에게 쏟았던 노력만큼 자식들을 양육하지는 못했다. 그래서 그들은 자신의 성공을 자식에게까지 연결하지 못했다. 그들이 가진 놀라운 노하우나 경험을 자녀의 세대에 전수하지 못했고, 심지어 믿음의 아버지들도 하나님으로부터 온 축복이나 기름 부으심의 영적인 유산까지도 자식에게로 물려주지 못했다. 세상의 과학이나 문명이 체계적으로 이어져 발전을 거듭하는 것과는 달리 사람의 내부에서 일어나는 영적인 것과 정신세계는 날로 답보의 상태를 거듭하고 있는 것이다. 새들만 날던 하늘에 비행기가 나는 시대가 왔지만 사람들의 마음은 그대로이거나 더 못하게 되었다. 집배원이 먼지 나는 길을 걸어 편지를 전해 주지 않으면 아무 소식도 듣지 못하던 시대에서 상대가 보낸 전자 메일을 보기 위해 1분도 기다릴 필요가 없는 세상이 왔지만 사람들의 인격은 조금도 나아지지 않았다.

이 세상의 아버지들은 과학자들이 자기 분야의 진보를 위해 노력하는 것만큼 자식을 위해 땀 흘리지 않으며, 이 땅의 어머니들은 세상의 예술가들이 자신의 재능에 깊이를 더하기 위해 눈물과 땀을 흘리는 것만큼 자식을 올바른 사람으로 양육하는 일을 위해 울지 않는다. 세상의 과학이나 사업이 결실을 맺기 위해서

투자하고 노력하는 만큼, 자녀를 양육하며 가정을 세우는 일도 그 열매를 거두기 위해서는 땀을 흘리며 눈물을 뿌리는 수고가 있어야 한다.

✱ 절반의 성공

적지 않은 아들과 딸들이 아버지의 명성과 성공을 이어받지 못한다. 대신 평범하거나 그보다 못한 집안의 자녀들이 걸출한 인물이 되는 경우가 흔하다.

나는 믿는다. 위대한 아버지의 최종 평가는 그 자식의 장례식에서 마침표를 찍을 수 있다는 사실을. 역사에는 절반의 성공으로 끝나 버린 수많은 위인으로 가득하다. 나는 하나님께서 우리에게 가정을 주시고 자식을 주신 이유가 안으로는 우리 가정에 사랑과 행복이 가득하기를 바라시며 밖으로는 아비에게 주신 사역이 자식으로 이어져 더 깊고 더 넓게 계승되어 꽃피고 열매 맺기를 원하시기 때문이라고 굳게 믿는다. 그것이야말로 이 땅이 행복으로 가득 찬 하나님의 나라로 변화되는 길이라고 믿어 의심하지 않는다.

그러나 불행히도 지금의 이 땅은 아버지의 위대함이 잘 이어지지 못하고 오히려 아버지의 부정적인 것들이 계승되는 편이다.

그 불행은
어디서 출발한 것일까

이유 없는 결과는 없다. 왜 부모에게 아들을 양육하고 딸을 키우는 것이 이토록 힘겨운 일이 되어 버렸을까. 왜 이 땅의 사람들에게서 거장의 자취를 찾는 일이 이처럼 쉽지 않은 일이 되었을까.

그 이유는 부모들이 자녀를 양육함에 있어 제도권 안에 있는 학교 교육만을 의지한 채 하나님의 말씀을 순종하고 실천하지 않기 때문이다. 심지어 교회에서도 하나님의 말씀 자체를 가르치기보다는 사회의 교육 제도를 그대로 받아들여 하나님의 말씀을 세상의 방법으로 가르친다. 목회자를 양육하는 신학교에서도 성경 말씀 그 자체(the Bible)보다는 성경에 대해서(about Bible) 가르치기에만 바쁘며 하나님을 가르쳐 알게 하기보다는 신학자들의 신학 사상과 잣대로 하나님을 설명한다. 그렇기에 사람들은 하나님에 대해서 배우긴 하지만 아무도 하나님을 잘 알지는 못한다.

엘리 제사장의 두 젊은 아들 홉니와 비느하스는 제사장이 되었지만 하나님을 알지 못했다(삼상 2:12). 그 이유는 그들은 자신들의 아버지, 실로의 성전의 엘리 제사장으로부터 제사 의식(신학)에 관해서는 배운 바 있어 제사는 드릴 줄 알았지만, 하나님에 대해서는 배우지 못하여 그분을 잘 알지 못했고(삼상 2:12) 그래서 그들은 여호와께 드리는 제사를 멸시했다.

　육체의 눈과 함께 영의 눈이 어두워져 버린 엘리는 자신의 자녀인 젊은 두 제사장뿐만 아니라 너무나도 어린 나이에 성전에 드려진, 눈물로 헌신한 어머니 한나의 소중한 아들이었던 사무엘에게도 그 귀하신 여호와 하나님에 대해선 가르치지 않았다. 그래서 사무엘은 하나님이 친히 찾아오시어 그에게 말씀하시기 전까지는 여호와 하나님을 알지 못했다(삼상 3:7).

4장
학교는
거장을 만들지 못한다

학교는 하나님의 작품이 아니다. 학교는 인간이 만든 걸작품이라 할 수 있지만 거장은 학교에서 자라지 않는다. 그 이유는 학교는 사람이 주체이며 사람이 이끌기 때문이다. 하지만 거장은 하나님 안에서 만들어진다. 하나님의 말씀이 거장을 자라게 하기 때문이다.

*슬프게도 학교는
사람을 평가하는 잣대를 가지고 있다

　너무나도 다양한 성향과 수많은 종류의 재능을 각각 부여받은 고귀한 아이들이 모인 곳이 학교이지만 학교는 그들을 평가하는 단 한 가지의 잣대만을 가지고 있다. 학교는 가정과 마찬가지로 하나님의 위대한 피조물인 사람들이 사랑과 신뢰로 모여 행복을 창출하는 아름다운 공동체가 되어야 한다. 그런데 학교는 그 아름다운 목표를 무시한 채 제도권의 부속물로 전락하여 사람들을 그들이 정한 모호한 기준을 사용하여 마음대로 평가한다.

　예를 들면, 학교에서는 국어 과목의 어떤 특정한 문학 작품을 학습시킨다. 그리고 나서 가르쳤던 내용을 토대로 학생들을 평가한다. 그리고 그 결과에 따라 우수한 학생과 그렇지 않은 학생으로 나눈다.

　한 문학 작품을 둘러싼 세 유형의 사람들이 있다. 어떠한 동기를 작품화한 작가가 있고, 그 문학 작품을 연구하여 가르치는 교사가 있으며, 그 교육을 받아들이는 학생이 있다. 이러한 세 가지의 일은 아름답고도 신나며 성스럽기까지 하다. 말하자면 다양한 일상 가운데서 한 작가는 자신이 느끼고 깨달은, 전하고 싶은 아름다운 영감들을 작품이라는 그릇 속에 담는다. 가르치는 일에 경험이 많은 교사가 그것을 학생들이 쉽게 받아들일 수 있는 방법으로 사랑을 가지고 가르친다. 학생들은 그 모든 정성과 기술로 만들어진 소중한 자료들을 섭취하여 마음을 살찌운다. 이 모두는 아름다운 일이다.

그런데 학교는 이 모든 귀한 가치를 활용하여 작가와 교사 그리고 학생들 모두에게 만족, 보람, 행복을 부여하는 대신 교육에 따른 결과에만 관심을 가지고 그들만의 어설픈 잣대로 교사나 학생들을 평가하려 한다. 그리고 그 결과를 가지고 사람들을 분류한다. 때로는 너무나도 적절하지 못한 잔인한 용어를 사용하여 '우수'라거나 혹은 '열등'이란 말로 창조주의 걸작품인 아이들을 마음대로 칼질하여 분류하고 등급을 매긴다. 그리고 그 어설픈 평가 자료를 마치 귀한 보물처럼 끝까지 보관하여 필요한 사람들에게 제공함으로써 그 평가에 공적인 권위를 덮어씌운다.

교사나 학생 모두는 그 평가의 결과로 인해 기뻐하고 슬퍼한다. 그러므로 교육자는 항상 눈에 나타난 결과를 반영하여 학생들을 대하게 되고 그 교사의 학생들은 항상 긴장과 부담에 눌려 아름답고 가치 있는 자신만의 달란트를 묻어 버린다. 이것은 슬픈 일이다.

학교는 평가 기관이 아니고 양육 기관이 되어야 한다. 그런데 어떻게 부모 아닌 타인이 그 일을 능히 하겠는가. 학교는 더 이상의 학교 놀이를 해서는 안 된다.

당신의 자녀도 거장이 될 수 있다

✳누구 마음대로 정했나
-학교에서 정한 기준은 하나님의 척도가 아니다

국어나 수학, 과학, 음악, 미술 등 우리가 학교에서 배우는 과목들은 누가 처음에 정했을까? 왜 그들은 그것들을 배워야 할 가치가 있다고 여겼을까? 그리고 이보다 더 배워야 할 가치 있는 과목들은 없을까? 그리고 그들은 왜 1학년 때 배워야 할 것과 2학년 때 배워야 할 것들을 자신들 마음대로 나누어 놓았을까?

문제는 학습할 과목의 내용을 나눌 때 그들이 하나님께 여쭈어 보지 않았다는 것이다. 만약 꼭 나누어야 하고 편의상으로도 그럴 필요가 있었다면 그것을 가지고 상대적인 평가를 통해 등급을 매겨서는 안 된다. 어떤 아이는 수리적인 이해력이 다른 동급생에 비해 낮을 수 있고, 어떤 아이는 문학적인 이해력이 다른 아이들보다 뛰어날 수도 있다.

아이들이 관심을 가지고 배우기에 가장 좋은 시기가 있는데 왜 그때를 기다리거나 앞당겨 주지 않고 하나의 틀 속에 각기 소중한 아이들의 능력을 가두어 버리는 것일까? 시기에 맞는 공부가 얼마나 아이들을 행복하게 만들며 재능에 맞는 것을 배우는 것 자체가 얼마나 아이들에게 신나는 일인지 그들은 정말 모른단 말인가?

일률적인 기준으로 정해 놓은 학습 지침에 아이들을 맞추다 보면 하나님이 주신 아이들 저마다의 다양하고도 놀라운 재능들을 잃을 수도 있고 독특하고도 아름다운 인성을 손상할 수도 있다.

공장에서는 같은 기계와 같은 재료를 쓴다. 똑같은 모양과 치수의 상품들이 빠르게 대량으로 쏟아져 나오지만, 어느 하나도 명품이 될 수 없다. 명품은 기계로부터 생산되는 것이 아니다. 장인의 투박한 손에서 나오는 작품은 다 다르게 생겼지만 모든 것이 명품이 된다.

> "우리는 하느님의 작품입니다. 곧 하느님께서 미리 마련하신 대로 선한 생활을 하도록 그리스도 예수를 통해서 창조하신 작품입니다(에베소서 2:10, 공동 번역)."

인간은 위대하신 하나님의 손안에서 창조된 걸작품이다.[1]

✦너무 많이 가르친다

초, 중, 고등학교에서는 그다지 중요하거나 필요치 않은 것들을

---

1) 작품이란 말의 원어 ποίημα(poy'-ay-mah:포이에마)는 하나님의 작품을 의미한다.

너무 많이 가르친다. 그들은 12년 동안의 소중하고도 긴 시간을 대학에 가기 위한 준비 교육이란 이름 아래 사용한다. 그들의 대부분은 대학 수학 능력 시험의 성공에 모든 것을 걸지만 정작 대학에 가면 그것이 수학 능력에는 별 도움이 안 된다는 것을 그때서야 알게 된다. 학교는 그다지 소중하지 않은 것을 너무 많이 가르치므로 학생들은 그 나이에 터득해야 할 너무나도 귀중하고 필요한 많은 것을 배우는 기회를 박탈당한다. 소중한 우리 아이들이 그 나이에 배워야 할 것들이 국어, 수학, 과학 등의 과목들뿐일까? 하나님께서 이 땅에 보내 주신 우리의 귀한 아이들이 그 아름다운 나이에 만나야 할 사람들이 학교 안에만 있을까? 왜 학교는 교회와는 달리 일주일에 닷새나 엿새를 오라고 야단일까? 크리스천들마저도 그 불합리한 육분의 일의 불균형에도 별 이견이 없는 것 같다.

학교에서 소중한 친구를 만나도 훌륭한 지도자가 없다면 아이들은 학교 안에서 이루어지는 또래 집단에서 좋은 것을 어렵게 배우고 나쁜 것을 아주 쉽게 그리고 많이 배울 것이다. 아이들은 우정을 알고 그것을 두텁게 하기도 전에 경쟁을 배우고 마음속 은밀한 질투를 터득한다. 물론 자라면서 성숙하고 관계에 깊이를 더해가기도 하지만 아이들이 제대로 된 인격을 형성하기에는 학교라는 환경은 너무나 열악하다.

가정이 학교와는 비교도 안 되게 안정적이고 평안한 이유는 그

안에 다양한 연령층과 사랑이라는 고귀한 가치가 섞여 있기 때문이다. 왜 학교는 또래끼리만 모아 놓는 것일까?

✦교사는 스승이 아니다

교사는 공무원이나 회사원과 마찬가지로 보통의 사람이다. 간혹 학생들을 학대하거나 나쁜 일을 저지른 교사들의 이야기가 매스컴에 보도되어 물의를 일으키는 경우를 보게 되는데, 그들이 교사라는 이유로 더욱 지탄받아서는 안 된다. 그들도 똑같은 사람이다. 소나무는 소나무로 보아야 하고 전나무는 전나무로 보아야 한다. 교사는 스승이 아니다. 교사가 스승이 될 수는 있지만 그것은 공무원도 누구가의 스승이 될 수 있고 회사원도 그럴 수 있는 것과 같은 이치다.

지금의 교육 제도 안에서의 학교 교사가 학교 밖의 일반 학원 (입시 학원이나 컴퓨터, 미술, 음악 등을 가르치는 학원 혹은 운전 학원)의 교사와 다른 점이 무엇인가. 우린 그 차이점을 발견하지 못한다. 어느 곳의 교사든지 아이들을 똑똑하고 유능한 학생들로 가르칠 수는 있지만, 아이들의 삶을 변화시키고 그 인생의 빛을 발견하게 하는 스승의 삶을 사는 것은 다른 문제다. 교사는 지식이나 기술로써 학생들을 지도하지만 스승은 사랑과 삶으로 제자들을 이끈다. 교사는 주어진 공식적인 권위로 학생들 앞에 서지만 스승은 누군가에게 받은 것이 아닌 자신에게서 우러나오는 영향력으로 감동을 준다. 스승은 아비와 같은 존재다.

이 땅을 살아가면서 위대한 스승을 만나는 것은 참으로 큰 행운이자 행복이다. 하지만 동시에 어렵고도 드문 일이다. 그 이유는 이 땅에 스승이 드물기도 하지만 더러는 엉뚱한 곳, 스승이 없는 곳에서 스승을 찾기 때문이다.

중학교 3학년 나이인 첫째 아들이 그가 즐겨 사용하는 한 인터넷 사이트의 개인 홈페이지에서 아빠인 나를 일컬어 "아빠이자 영적인 스승"이라고 한 것을 보고 나는 무척 부끄러웠지만 아버지로서 행복했다.

이 땅에 훌륭한 스승이 있다 해도 부모만큼 아이들에게 좋은 것이든 나쁜 것이든 깊이 영향을 끼치는 사람은 없다. 부부가 함께 살아가며 서로에게 닮음을 주듯, 부모와 오랜 시간을 함께 살아가는 자녀도 부모의 영향력으로부터 자유로울 수 없다. 그래서 부모가 그 자녀의 스승이 될 때 가장 아름답고, 이것이 스승을 가장 쉽게 찾는 방법이기도 하다.

갈등을 넘어

　세상의 모든 사람은 아닐지 모르지만 나는 하나님이 보내 주신 나의 아이들을 학교에 보내는 것을 하나님이 원치 않으신다는 것을 알게 되었다.

　내가 처음 자녀 교육에 관한 하나님의 영감을 받고 시작한 것은 아이들에게 성경을 가르치는 일이었다. 가르쳤다기보다는 그저 읽어 주고 아이들도 읽게 했다. 여호수아에게 하신 말씀[2]에서 깨달았던 대로 나는 아이들의 입에서 여호와의 말씀이 떠나지 않게 하기 위해서 노력했다. 그것은 읽는 것뿐만 아니라 외우는 것이라고 난 믿었다. 그래서 당시 초등학교 2학년과 4학년이었던 두 아들은 매일 성경을 읽고 외웠다.

　그런데 문제는 그다음에 있었다. 학교생활과 가정의 생활을 함께할 때 균형을 맞추기가 어렵다는 것이었다. 학교생활을 충실히 하려면 말씀을 읽고 외우는 일에 지장을 받고, 가정에서의 영적인 교육을 충실히 하자면 학교생활이 힘들어졌다.

　물론 둘 다 잘할 수 있는 방법을 찾는다면 그 길이 없지는 않았을 터인데 그때 나는 여러모로 서툴렀고 어렸다. 그래서 나는 둘 중에 하나를 선택해야만 했다. 물론 선택에는 책임이 따른다. 나

---

2) 여호수아서 1장 8절

는 그 책임이 크다는 이유로 나의 할 일을 피하지 않았다. 그래서 난 아이들을 학교로부터 집으로 데리고 왔다. 난 지금도 그 일을 후회하기는커녕 내가 아이들을 위해 한 일 가운데 가장 잘한 일 중의 하나라고 믿는다.

*가정이 학교다

학교에서 가르치는 과목들이 이 땅에서 배워야 할 것들의 전부가 아니라면, 정작 학교에서 가르치지 않는 과목은 어디서 배워야 하나? 그리고 배워야 할 너무나도 소중한 것들이 많은데, 무엇이 더 중요하며 또 어떤 것을 먼저 배워야 하나? 그리고 그런 것들은 어디서 배워야 하나? 이 모든 물음의 해답은 가정 안에 있다.

이 땅의 어느 학교에서도 훌륭한 아버지와 남편 되는 법은 가르치지 않는다. 맛있는 요리와 아름다운 옷을 만드는 방법을 가르치는 학교는 있지만, 가정을 살리는 어머니와 아내가 되게 하는 학교는 어디에도 없다. 그리고 신학을 가르치는 신학교는 있지만 진정한 하나님의 사람이 되게 하는 학교는 없는 것 같다. 유능한 의사나 변호사를 만드는 학교들은 있지만 윤리에 투철하며 양심적인 직업인이 되는 것은 극히 개인적인 소양의 문제로 남겨진다. 이렇듯 학교가 하지 못하는 많은 것을 가정이란 학교에서 배우고 가르치지 않으면 안 된다.

나는 하나님의 아이들에게 가장 먼저 가르쳐야 할 것들이 바로 그분의 말씀이라고 믿었고 그것을 실천에 옮겼다. 그래서 아이들이 수학을 공부하기 전에 먼저 로마서를 읽게 했고, 결국 아이들은 구구단을 다 외우기 전에 로마서 전체를 다 외웠다. 그리고 친구들이 영문법 책이나 단어장을 가지고 씨름하는 열두 살 나이에 나의 아이들은 마가복음 전체를 영어로 외웠다. 결국 내 아이들은 아빠가 그들에게 영향을 끼치기 전에 그들의 삶이나 생각으로 아빠를 변화시키는 자녀가 되었다.

✳️학교에 대한 생각을
바꿔야 한다

학교는 식당이나 공원처럼 우리가 선택하여 사용할 줄 알면 된다. 어떤 사람도 강가에 가서 마실 물을 달라고 요구하지 않는다. 강물을 마셔서 갈증을 해결하는 선택을 할 수도 있지만 오염된 강물을 마시면 배탈이 나기 때문이다. 이처럼 잘못된 교육 체제에 뛰어들면서 전적으로 아름다운 열매를 기대할 수는 없는 것이다.

이제 학교 당국은 의무 교육이라는 명분을 달아 모든 아이로 하여금 학교에 꼭 나와서 배우라는 식의 강요를 해서는 안 된다. 옛날과 달리 보건소도 강제적으로 예방 주사를 강요하지 않고 사람들이 자신의 건강을 관리할 수 있도록 안내하는 현수막만 걸어 놓는다. 학교 역시 이제는 체통을 지켜 돕는 자의 자리에 서야 한다.

초등학교를 그만둔 나의 아이들이 중학교 입학 자격 검정고시를 치르기 위해 초등학교를 졸업하는 시기인 만 12세까지 기다려야만 했던 일은 우리가 한국인이기 때문에 세월을 낭비해야만 하는 슬픔이었다. 교육 당국은 그럴 만한 권한이 없다.

아이들의 출생 신고를 할 때, 나는 하나님께서 그 아이들을 위하여 지으라고 주신 귀한 이름들을 조금씩 고쳐야만 했다. 한국에서는 성을 제외하면 그 이름의 글자 수가 다섯 자를 초과하면 안 된다. 이 얼마나 웃기고도 슬픈 일인가. 축복 속에 태어난 아이의 이름도 마음껏 짓지 못하는 나라에 사는 우리는 자녀 교육 역시 국가가 정한 틀 속에서 벗어날 수가 없는 것이다.

✳국가는
그런 권한이 없다

학교는 아이를 교육하는 부모들을 돕는 기관이다. 부모가 하지 못하는 일을 대신하여 아이들에게 지식을 전달하고 바람직한 성장을 도와주는 것이 학교다. 그런데 오늘날의 학교는 부모와 학생들의 권리를 필요 이상으로 많이 침해한다. 학비나 배워야 할 과목들도 학교가 다 정한다. 교복의 모양이나 헤어스타일도 그들의 규칙을 따라야 한다. 수업 시작 시각도 마치는 시각도 다 그들의 편리에 따라 움직인다. 그렇지만 그들은 책임을 지지 않는다.

왜 학교는 공원이나 백화점과는 다른 것일까? 원하는 물건이나 가격 그리고 가고 싶은 시간을 결정하는 권한을 고객에게 주는 백화점은 편안함과 기쁨을 준다. 혹시나 구매한 물건에 하자가 있거나 불만이 있으면 그들은 성의를 다해 고객을 섬긴다. 그들은 고객에게 항상 선택권을 주지만 끝까지 책임을 지는 편이다. 반면 이 땅의 교육시스템은 교육에 관한 대부분의 것을 자기들이 정하면서도 한 인간에 대한 책임은 그 부모에게 돌린다. 이제 학교도 서비스업으로 전환해야 할 때다.

✦학교가
변할 수 없다면

학교를 탓할 수는 없다. 학교는 조직이고 시스템이지 인격체는 아니다. 조직체가 먼저 구성되고 사람이 그 속으로 들어가서 학교가 되었기 때문이다. 일꾼은 시스템과 정책으로 만들어지지만 인간은 스승과 그 영향력으로 자란다.

학교가 교회와 같은 유기적인 단체가 되기는 어렵다. 그렇다면 학교를 바라보는 부모들의 눈이 바뀌어야 한다. 학교를 신뢰하되 의지하지 말고, 학교를 이용하되 마음을 놓아 맡기지 말아야 한다. 학교에서는 지식을 배우되 사람을 만드는 곳은 가정이다. 학교에서 아이들은 교사를 만나 학문을 배우지만 인생은 집에서 만나는 아빠가 지도해야 한다.

사실을 직시하면, 오히려 학교가 훌륭한 사람을 만드는 일에 커다란 지장이 될 수 있음을 알게 된다. 왜 반드시 학교에 다녀야 하는지 나는 참 모르겠다.

☀사람들은
가장 중요한 일에 자신을 바친다

유한한 시간을 사는 사람은 항상 자신이 가장 중요하다고 생각하는 일을 위해 삶을 살아간다. 그래서 사람들은 자신이 할 수 있는 여러 가지 일 중에서 가장 중요한 것을 선택한다. 그리고 그 선택의 결과는 자신이 책임을 진다. 그런데 백만 원을 벌기 위해 백오십만 원을 쓰는 사람이 있을까? 밭에다 씨앗을 뿌리는 이유는 삼십 배, 육십 배 혹은 백배의 열매를 얻기 위해서이다.

사람이 돈을 버는 목적은 대체로 행복을 위해서다. 그런데 우리가 버는 돈은 항상 그 돈의 가치만큼의 무언가를 요구한다. 그것은 시간이기도 하고 땀이기도 하다. 어떤 사람들은 돈을 벌기 위해 스스로 건강을 위협하기도 한다. 변호사인 나의 친구가 전해 준 말에 의하면 같은 사무실에서 함께 일하는 동료들은 이런 농담을 한단다. 그들이 부자가 될 수밖에 없는 이유는 바로 돈을 쓸 시간이 없기 때문이라고.

자신을 위해서든 혹은 가족이나 타인을 위해서든 돈을 버는 목적이 행복이라면, 행복을 위해 필요한 돈이나 시간에는 적정선이 있을 것이다. 그런데 무작정 돈을 버는 것을 목적으로 삼는다면 그것은 참 위험한 일이 아닐 수 없을뿐더러 행복을 방해하는 일이 될 수도 있다.

그중의 하나가 돈을 벌기 위해 자녀의 양육을 소홀히 하는 것이다. 아무리 많은 돈을 벌어 자녀를 윤택하게 하고 또 큰 재산을 상속한다고 하더라도 자신의 자녀를 하나님이 원하시는 올바른 사람으로 양육하지 않는다면 그것은 참으로 슬픈 일이다. 그런 일은 이 땅에서 너무나도 흔히 있는 일이다. 모두가 최고의 지도자라고 생각하는 성공한 정치가들이나 성직자들 가운데서도 그런 예를 찾기가 그다지 어렵지 않다. 물론 이는 역사 이래로 흔히 있어 온 일이다. 굳이 실로의 제사장이었던 엘리의 예를 들지 않더라도.

하지만 성경 안에서 우리는 샛별처럼 빛나는 수많은 거장의 부모님들을 만날 수 있다. 그들은 항상 하나님의 말씀을 받들어 자녀를 그분의 뜻 안에서 양육했다. 그리고 그 자녀들로 하여금 하나님께서 기뻐하시는 일을 위해 순종하는 삶을 살게 했다.

이제 나는 독자들과 함께 그들을 만나고 싶다. 어떻게 그들은 남다른 삶을 살았으며 하나님이 이끄시는 삶을 살았는지를 물어보고 싶다. 그들이 할 수 있었다면 우린들 못할 이유가 무엇이겠는가?

제2부

거장들의
학교

1장
사무엘,
헌신으로 세워진 거장의 학교

이스라엘에 아직 왕이 없던 시절, 레위 가문의 한 남자는 한 여인과 결혼을 한다. 하지만 그 아내가 오래도록 자식을 갖지 못하자 그보다 더 젊은 다른 여인을 두 번째의 아내로 맞아들인다. 두 번째 아내는 금방 아이를 갖게 되고 그 남자는 자신의 뜻대로 자신을 이어갈 자식들을 보며 만족한다. 그 남자는 두 번째 아내를 통해 자식을 얻고 첫 번째 아내를 통해서는 사랑을 채운다. 남편의 사랑에서 밀린 두 번째 아내는 자식이 없는 첫 번째 여인을 무시함으로써 그녀를 격동케 했다. 남편의 사랑을 받는 첫 번째 아내는 자식이 없는 슬픔에 빠져 불행한 여인으로 살아간다.

엘가나라고 하는 이 남자의 두 아내 중 첫 번째 여인이 한나였다. 그녀에게는 자신을 사랑하는 남편이 있었지만 결코 행복하지는 않았다. 하지만 그녀의 이야기는 여기서 끝나지 않는다.

한 세대를 위해 거장을 준비하시는 하나님

비극의 여인이었던 한나가 살았던 시대, 그녀가 레위 자손이었지만 제사장의 직무가 없었던 남편과 함께 제사를 드리러 올라갔던 실로의 성전에는 엘리의 두 아들 홉니와 비느하스가 아버지와 함께 제사장으로 시무하고 있었다.

아무도 몰랐지만 하나님은 그들이 아닌 새로운 제사장을 준비하고 계셨다. 엘리의 두 아들은 비록 당시 제사장으로 명부에 이름을 올리고 있었지만, 진정 시대를 이끄는 지도자가 아니었으며 그들의 선임 제사장이었던 아버지 역시 그 시대의 등불이 아니었다. 그 젊은 제사장들은 하나님의 집에서 몹쓸 짓을 일삼았고, 늙은 아버지 엘리는 그들을 탓하고 이를 금하지 않았다.

시대의 등불이 빛을 잃고 있을 때 전능하신 하나님은 또 다른 등불이 될 새로운 심지를 준비하신다. 이때가 하나님이 거장들을 예비하시는 때이다. 여호와께서는 갑작스럽게 일하시는 분이 아니다. 급히 준비하는 일은 미래를 알지 못하는 사람들이 쓰는 방법일 뿐이다. 히브리 백성의 출애굽을 위해 80년 전에 아기 모세를 나일강에 띄우게 하신 일, 그보다도 훨씬 옛날에 한 부잣집의 귀여운 아들이 은 스무 개에 팔려 종이 되어 갔던 이집트에서 총리가 되어 가뭄에 죽게 된 자신의 온 가족을 구하게 하신 일도다 한 시대를 위해 거장을 준비하시는 하나님의 손길이다. 다메섹을 향하여 달리던 핍박자 사울을 이방 땅의 선교를 위해 정오의 빛 가운데서 꺼꾸러뜨리신 일도 다 한 시대를 미리 준비하시는 하나님의 손길이다.

✳세상에서 가장 불행했던 여인
-하지만 시대의 거장을 위한 학교는 그녀로부터 시작되었다

한나는 아이를 낳지 못해 고통받았지만 그녀의 깊은 고통의 중심에는 하나님의 손이 있으셨다. 사람들의 세계에는 불이라는 글자가 흔하지만 하나님의 보좌에는 그러한 것이 없다. 사람의 편에서 보는 '불치'나 '불가능'이라는 것들은 하나님의 섭리나 시기로 조명한다면 없어질 수 있는 말이다. 한나는 불치의 불임 병을 가진 여인이 아니라 단지 여호와께서 그 태로 하여금 성태치 못하게 하셨기 때문에 자식이 없었던 것이다(삼상 1:5-6). 하나님이 닫으면 열 자가 없고 하나님이 여시면 닫을 자가 없다(계시록 3:7). 브닌나가 한나의 무자함으로 인해 그녀를 격동케 할 수는 있지만, 브닌나는 고통의 제공자가 아니라 단지 그 고통의 사실을 확인시켜 주는 역할을 할 뿐이다.

한나는 알았다. 그의 태를 여실 이는 여호와라는 사실을. 그래서 그녀는 브닌나를 상대하여 싸우는 대신 여호와께 그 사실을 아뢰기로 작정한다. 시대를 이끌 위대한 거장의 시작은 슬픔에 빠져 고통 속을 헤맸던, 하지만 하나님만을 바라보았던 한 여인의 무릎에서부터 시작되었다.

✢위로는
단지 위로일 뿐 그 이상은 아니다

한나의 남편 엘가나는 아내가 둘인 것만 빼면 그녀에게 그리 나쁘지 않은 남편인 것으로 보인다. 엘가나 자신도 스스로를 꽤 괜찮은 남편으로 여긴다. 한나가 브닌나로 인해 격동해 울며 먹지도 않을 때 그는 아들이 없어 슬퍼하는 아내에게 자신이 열 아들보다 낫지 않느냐고 말한다(삼상 1:8). 또, 실로의 성전에 가서 제사를 드리는 날에 엘가나는 제물의 분깃을 그의 다른 아내인 브닌나와 그 모든 자녀에게 주고 한나에게는 제물을 갑절로 주어 슬픔에 빠진 아내를 위로한다.

그러나 위로는 위로일 뿐이다. 위로로 말미암아 아픔이 사그라지거나 상처가 회복되는 것은 아니다. 때로 위로는 유익을 주기도 하지만 위로받는 이에게 더러 그것은 아픔의 확인이 될 뿐이다. 사실 자상한 남편의 위치에 서서 아내를 위로하는 엘가나는 한나가 느끼는 슬픔의 깊이를 이해할 수 없다. 아내는 무자하지만 그에게는 자식이 있다. 아내에게는 무자함에서 오는 깊은 슬픔이 있지만 그에게는 그러한 슬픔이 없다. 단지 그는 자기와 함께 살아가는 두 아내 중의 한 사람이 더 이상 괴로워하지 말고 그와 함께 기쁘게 살아 주기를 바랄 뿐이다. 그리고 제사를 드리는 날 한나에게 주었던 분깃도 브닌나에게 준 것의 갑절일 뿐이지 브닌나와 그녀의 자식들이 받은 것을 다 합하면 한나의 몫은 결코 그들보다 많지 않다.

✳ 남편을 떠나 하나님께로
-최선의 것을 위해 무릎을 꿇는 여인

남편의 그 지극한 사랑에도 불구하고 한나는 그녀의 꿈이 남편의 사랑에 의해 떠내려가도록 내버려 두지 않는다. 남편의 사랑도 귀중한 것이지만 그에게는 자식을 갖는 것이 최선이다. 무자한 여인인 한나에게 있어서 남편은 최고가 되지 못한다.

그녀는 안정적인 차선보다는 위험한 최선을 선택한다. 기도는 차선으로 가는 길이 아니다. 고로 기도하지 않는 사람들은 차선의 것을 선택하는 일에 익숙해져 있다. 반면 기도의 사람들은 절벽으로 간다. 한나는 아들을 원했다.

더 이상 그녀는 자신의 고통을 남편의 무릎 위에만 놓고 시간을 낭비하지 않는다. 대신 하나님께로 나아간다. 그리고 하나님 앞에서 괴로워하고 기도하며 통곡한다(삼상 1:10). 이제껏 닫혔던 태는 거장의 잉태를 위해 준비된다.

✳소원을 서원으로 잇는 여인
-하나님은 다 아신다

한나는 아직 받지도 않은 아들을 여호와께 드린다. 서원은 그것이 고백 되는 순간 하나님께 드리는 것이다. 미래의 일을 알지 못하는 인간의 입술을 통해 드리는 서원일지라도 현재에 서서 과거와 미래를 꿰뚫어 보시는 전지전능하신 하나님은 그 서원의 진위를 아신다. 그래서 하나님은 자신의 영광을 위해 그 서원의 열매가 되는 일을 허락하신다. 한나는 간구한다. 하나님께 드릴 아들을 달라고.

그녀의 기도가 하나님의 마음에 들어맞았다. 돌들로도 능히 아브라함의 자손이 되게 하실 수 있는 분이 하나님이시지만(마태 3:9), 그분은 결코 그렇게 일하시는 법이 없다. 대신 돌 같이 견고한 사람들의 믿음과 기도를 통해 인간에겐 불가능해 보이는 일을 하나님은 행하신다. 거장은 이러한 때에 이러한 사람들에 의해 준비된다.

*삭도를 그 머리에 대지 아니하겠나이다
 －하나님은 손해만 보시는 분은 아니다

한나는 아들을 하나님께 드릴 뿐만 아니라 어떻게 키울 것인지도 분명히 아뢴다. 받기는 확실히 받되 드리기는 적당히 드리고자 하는 이들의 기도를 하나님은 귀히 여기시지 않는다. 그분은 현재라는 시간에 발을 딛고서도 미래를 보시는 분이다. 하나님께서는 한나에게 그녀가 소원한 아들을 주어도 그녀로부터 도로 받으실 것을 아셨다. 하나님은 손해만 보시는 분이 아니다. 한나는 하나님이 주시는 아들을 자신의 품에만 두지 않고 하나님이 원하시는 뜻 안에 드릴 것을 약속함으로써 기도의 응답 조건을 만족시킨 것이다. 우리의 소원이 하나님 나라의 소용과 일치할 때, 그 기도는 땅에 떨어지지 않고 하나님을 기쁘게 한다. 우리의 기도가, 우리의 소원이 주님을 기쁘게 할 때 그분은 우리에게 행복을 가져다주신다(마태 6:33).

한나는 사무엘을 주님께 드리되 막연히 드리는 것이 아니라 어떻게 드릴 것인지를 밝힌다. '삭도를 그 머리에 대지 아니 하겠나이다(삼상 1:11).'라는 한나의 약속엔 사무엘을 제사장으로 키우겠다는 의미가 담겨 있다. 그러나 그 내면엔 그를 진정한 '나실인'의 삶으로 거룩히 구별해 드리겠다는 소원이 담겨 있다. 역사를 움직이시고 시대를 꿰뚫어 보시는 하나님께서 한나의 가슴에 그 소원을 부어 주셨다(시편 21:2). 노쇠해진 육신의 눈과 어두운 영의 눈으로 통찰력을 잃어버린 제사장이 살고 있는 땅에서 하나님은 한 여인의 기도를 통해 새 역사를 준비하셨다. 성전을 더럽히기를 주저하지 않았던 엘리의 두 아들이 제사장으로 있는 칠흑 같이 어두운 시대에 하나님은 한나의 눈물만큼이나 맑고 밝은 아이를 준비하고 계셨다.

고통을 기도로 승화해
은혜에 도달한 여인

거장은 스스로 되는 법이 없다. 태양을 따라 고개를 돌리는 해 바라기의 얼굴 속에서 익어가는 씨앗처럼 거장은 하나님만 바라는, 그래서 그분의 은혜를 입은 부모의 가슴속에서 잉태된다. 은혜란 하나님만 바라보는 자들에게 흘러내리는 샘물이다. 한나는 자신의 말대로 '마음이 슬픈 여인'이었다(사무엘상 1:15). 하지만 그녀는 그 심정을 여호와 앞에 쏟아 내었다. 원통함과 격동됨이 많은 여인이었지만 그녀는 그것을 사람을 상대하여 해결하려 들지 않았다. 대신 그녀는 여호와 앞에서 오랫동안 머물러 기도했다. 그녀는 고통이 불행으로 변하는 것을 허락지 않고 고통의 끈을 붙잡고 기도의 세계로 깊이깊이 들어갔다.

극한의 슬픔과 고통으로 그녀는 입 밖으로 소리를 내지도 못했지만 그것은 차라리 축복의 전주곡이라고 할 수 있다. 소리로 표현할 수 없는 고통을 그녀는 하나님 앞에서 토해낸 것이다. 제사장 엘리는 그녀가 포도주에 취한 것이라고 이해했지만 하나님은 그녀의 상한 심령을 알고 계셨다. 은혜가 흘러내리는 통로는 바로 이러한 상한 심령 속에 있다.

✦수색이 거두어진 얼굴
-더 이상 울지 않는다

은혜를 입으면 갈등은 사라진다. 마치 폭풍의 전야처럼 축복의 앞자리엔 평안이 있다. 그것은 마치 믿음이란 기관차가 축복이란 객차를 이끄는 것과 같다. 평안은 믿음을 타고 온다. 축복은 행운처럼 갑작스럽게 다가오지 않는다. 축복은 서서히 준비되어 우리에게 다가온다. 하지만 당사자는 축복이 문을 열고 들어오기까지 초조해하지 않는다. 왜냐면 은혜를 입었기 때문이다.

메시아를 잉태했던 여인 마리아와 세례 요한을 잉태했던 여인 엘리사벳은 어느 작은 유대의 산속 마을에서 만나 함께 노래를 부른다(누가 1:39-56). 그들 두 여인은 아기를 갖기엔 적합한 사람들이 아니었지만 하나님의 은혜를 입고 나서는 그들은 더 이상 갈등하지 않는다. 태중에 아이를 품고 있는 여인은 노래할 수 있다.

슬픔과 번민으로 가득 차 있었던 한나는 고통으로 인해 하나님을 찾았고 그로부터 은혜를 입고서는 얼굴에 수색을 거둔다. 울며 부르짖던 성전을 떠나 이제 집으로 향하는 한나는 더 이상 울지 않는다. 대신 기쁨의 발걸음으로 거장의 어머니라는 길로 들어서게 된다.

✦사무엘
-내가 여호와께 그를 구하였다

드디어 하나님은 실로의 성전에서 여호와를 경배하고 돌아온 그들 부부에게 아들을 주셨다. 그리고 한나는 그 아기를 낳아 그를 사무엘이라 이름했다. 사무엘은 기도의 열매였다. 한나는 사무엘의 이름을 부를 때마다 그가 한 기도를 기억했으리라. 아들의 이름을 부를 때마다 그들 사이에서 역사하시는 하나님을 그녀는 잊을 수 없었으리라.

한나는 사무엘을 구했으므로 사무엘을 받았다. 결코 잊을 수 없는 슬픔으로 지새우던 고통의 세월 속에서 그는 오로지 하나님께 구할 것을 결정하고 실행에 옮겼다. 그녀는 하나님께 구할 만한 것을 구하였고 그래서 응답을 받았다. 하나님께 구함으로써 아들을 받은 것은 조금도 놀랄 만한 일이 아니다.

왜냐면 그리스도는 우리에게 구하라고 하셨고 그러면 받을 것이라 하셨다(마태 7:7-8). 그런데 정말 놀라운 일은 사람들은 그리 즐겨 구하지 않는다는 사실이다. 구하면 받게 될 것을 우리는 구하지 않고 대신 지칠 때까지 스스로 노력한다. 그럼으로써 우리는 시간과 힘을 낭비하고 결국 포기하거나 차선의 것으로 만족을 대신한다. 노력 없는 기도가 맹신이라면 기도 없는 노력은 불신이다. 이 둘은 모두 우리가 걷는 인생길에서 더러 만나는 원수들이 몰래 세워 놓은 이정표이다.

구하는 것은 전능하신 여호와의 말씀을 믿고 순종하는 그의 자녀 된 자들의 특권이다.

그 젖떼기까지 기다리다가

그토록 기다리던 아이를 한나는 품에 안을 수 있게 되었다. 그러나 그녀는 그 아이가 가야 할 곳을 잊지 않았다. 그녀는 자신의 닫혔던 태를 여신 하나님을 결코 잊지 않았으며 남편에게도 자신의 믿음을 밝힌다.

"아이를 젖 떼거든 내가 그를 데리고 가서 여호와 앞에 뵈게 하고 거기 영영히 있게 하리이다."라는 아내의 말에 남편은 반대하지 않았다. 엘가나는 하나님을 향한 한나의 믿음과 눈물의 기도를 보았기 때문이다. 세상의 그 누구도 믿음의 사람들의 길을 막지 못한다. 그래서 세상은 믿음의 사람들을 감당하지 못한다(히 11:38).

결코 젊지 않았던 한나의 하루하루의 수유는 참으로 감동이며 북받치는 일이었다. 결코 그녀는 눈물과 기도 없이 젖을 물릴 수 없었으리라. 사무엘은 어머니의 가슴으로부터 눈물의 기도를 받아먹고 자라는 축복된 아이로 이 땅에서의 삶을 시작했다. 그리고 어린 사무엘의 어머니 한나는 아들을 하나님께 바칠 때를 아는 지혜로운 어머니였다.

그를 여호와께 드리되
그의 평생을 여호와께 드리나이다

한나는 젖을 뗀 어린 아들 사무엘을 데리고 실로에 있는 여호와의 집으로 향했다. 아들을 하나님께 드리기 위해서였다. 여전히 성전에서는 엘리와 그의 불량한 두 아들이 제사장으로 일하고 있었다. 하지만 한나는 그의 아들을 여호와께 드렸다. 한나는 자신의 아이를 여호와께 바친 것이 아니라 여호와의 아이를 여호와께 드렸다. 그녀는 자신의 권리를 포기한 것이 아니라 주님의 주권을 인정해 드렸다.

여호와 하나님은 사람의 것을 받으시길 원하시는 분이 아니다. 하나님의 것을 당신께 진실로 드리는 청지기를 기뻐하시고 그들을 통해 일하기를 즐기시는 분이다. 사무엘은 에브라임 사람인 엘가나와 한나의 소생으로서 성전에 유학 온 것이 아니라 하나님의 아이로서 아버지의 집으로 돌아온 것이었다. 사무엘은 교육열이 뜨거운 극성스러운 여인의 아들로서 훌륭한 스승을 찾아 자신의 집을 떠나온 어린 유학생이 아니었다. 사무엘은 평생을 흘려야 할 눈물을 한꺼번에 쏟아 내는 기도를 통해 하나님께 아들을 얻은, 하나님의 은혜를 아는 한 어머니가 여호와께 드린 아들이었다.

거장은 사람의 손에서 만들어지지 않는다. 거장은 조물주의 손에서 조물주의 것으로 만들어진다. 환경 또한 중요한 요인으로 작용하지만, 거장의 길은 거기에도 묶이지 않는다. 위대한 스승이 교육에 지대한 공헌을 더러 하지만 거장이 만들어지는 길은 근본적으로 다르다.

✦거장이
태어나는 땅

이미 세상을 자신의 등불로 비추기 버거웠던 당시의 제사장 엘리도와 아버지의 충고로도 방탕한 길을 돌이킬 수 없었던 두 젊은 제사장 홉니와 비느하스도 사무엘이 가는 거장의 길을 막지 못했다. 그들은 껍데기만 '여호와의 제사장'이었다. 그들 삶의 주인은 다름 아닌 자신들의 육신이었다. 같은 물건, 같은 액수의 돈이라도 그것이 누구의 소유냐에 따라 그 사용의 결과는 달라진다. 하물며 하나님의 형상을 따라 지음받은 그의 피조물인 사람은 하나님의 손에 있을 때 그의 걸작품으로서 빛을 발한다.

한나는 자신의 한계 상황을 경험하면서 아무도 깨달을 수 없었던 이 놀라운 진리를 발견했다. 무자한 자신에게 아이를 보내 주신 분은 하나님이며 자신의 품에 안겨 젖을 먹고 있는 바로 이 아이가 하나님의 아이라는 사실을 말이다. 그렇기에 그녀는 사무엘을 하나님께 드리는 일에 전혀 갈등하지 않았으며, 남편의 동의도 쉽게 끌어낼 수 있었다. 그녀는 하나님만 바라보고 어린아이를 데려왔을 뿐, 성전의 제사장이 누구며 그 제사장의 아들들이 어떠한 사람들인가 하는 문제는 염두에도 두지 않았다. 그녀는 앞만 보며 달려가는 믿음의 여인이었고, 그 앞에는 하나님이 계셨다. 거장이 태어나는 땅은 바로 헌신의 대지이다. 거장은 헌신의 대지에 뿌리를 내리고 하늘을 향해 높이 자라는 푸른 나무이다.

✦그 아이는
거기서 여호와께 경배하니라

어린아이 사무엘은 하나님을 경배하기 위해 성전에 갔다. 그가 태어나 처음 간 곳이 바로 성전이었다. 그가 한 첫 번째 일은 성전에서 여호와를 경배하는 것이었다. 그는 여호와를 경배하며 말을 배웠고 조물주를 경배하며 키와 지혜가 자랐다. 늙은 선지자를 위한 심부름이 하나님을 향한 그의 경배였으며, 방탕한 젊은 제사장들의 방종을 못 본 체하는 것이 어린 사무엘의 하나님을 향한 경배였다. 해 질 녘 어머니가 있는 곳을 그리며 눈물짓는 것 또한 그의 경배였으며, 한밤중에 잠에서 깨어나 놀라 서 앉는 것이 사무엘의 경배였다. 그럴수록 그의 경배는 깊어져 갔고 그러한 경배 속에서 그의 몸과 지성은 자라 갔다.

그가 세상에서 가장 처음 배운 것은 믿음의 어머니를 통한 헌신과 경배였다. 그래서 그는 세상의 아이들 중 가장 행복한 아이로 자랄 수 있었다. 하나님은 그 아이를 결코 혼자 버려두지 않았으며 어떤 악한 영향력으로부터도 그를 방치하지 않으셨다. 하나님은 당신께 바쳐진 사람들을 누구보다 잘 돌보고 관리하신다.

✦한나의 찬가

한나는 사랑하는 아이를 하나님께 바치고 기도로 노래한다. 그녀의 노래는 그녀의 감정을 반영하지 않는다. 그녀의 노래는 그녀의 북받치는 마음에서 나오는 감정적인 넋두리가 아니다. 철저히 여호와 중심적이고 그로 인해 기뻐한다. 그녀의 기쁨은 자신의 행동 때문이 아니라 여호와가 어떠한 분인가에서 연유한다. 사무엘상 2장 1절에서 10절까지의 노래 가운데는 '여호와'라는 이름이 무려 열 번이나 등장한다. 그만큼 그녀에게는 자신을 통해 역사하신 하나님이 전부였다. 하나님이 그녀에게 주신 아들보다 아들을 자신에게 주신 하나님이 그녀에게는 최고의 가치였다. 그녀의 절대적인 관심은 비참했던 자신의 삶을 송두리째 축복으로 바꾼 여호와 하나님께 고정되어 있다. 그녀의 노래는 메시아를 잉태한 그리스도의 어머니가 "그 계집종의 비천함을 돌아보셨음이라(누가 1:48)."라고 노래했던 것을 연상케 한다.

전심으로 찬양하며 여호와를 높이는 그녀를 위한 하나님의 이벤트는 계속된다. 그 후 여호와께서는 한나를 권고하사 그로 잉태하여 세 아들과 두 딸을 낳게 하셨다(사무엘상 2:21). 그 무자했던 라마의 슬픈 여인은 어느새 4남 2녀를 둔 세상에서 가장 행복한 어머니가 되었다.

✦여호와를 알지 못한 엘리의 불량스러운 아들들 –세상은 거장의 길을 막지 못한다

아직도 어머니의 젖 내음을 그리워하는 어린 사무엘이 기거하는 성전엔 엘리의 두 아들이 제사장으로 일하고 있었다. 그들은 하나님을 알지 못하는 젊은 제사장들이었다. 아버지를 통해 들어 하나님에 관한 지식은 있었지만 하나님과의 교제가 없었고 그래서 경험으로 하나님을 알지 못했다.[3] 그들은 하나님께 제사를 드

---

3) 'יָדַע(yaw-dah':야다)'라는 히브리어 단어의 의미는 서로를 경험함으로 인해 체험적으로 안다는 뜻이다. 그래서 '태초의 사람이었던 아담과 하와가 동침하여 잉태함으로 가인을 낳았다(창 4:1).'라는 문장에서 '동침'이란 단어도 같은 יָדַע가 사용되었다.

리러 온 백성들의 제물을 탈취하고, 심지어 기름을 태우지도 않은 날고기를 사환들을 시켜 빼돌리는 패역을 계속했다.

성전에서 태어나 성전에서 아버지의 일을 보고 자란 제사장의 아이들은 커서 제사장이 되었지만 하나님을 알지 못해 불량자가 되고 말았다. '불량자(삼상 2:12)'라는 원어의 의미는 '벨리알의 아들들', 즉 '하나님의 대적자의 아들들'이란 의미다. 그들은 하나님의 거룩한 성전에서 하나님의 대적자로 살아가고 있었다. 어린 시절의 사무엘이 성전에서 본 것은 단지 저물어 가는 엘리의 희미한 영성과 그의 두 아들의 불량이 다였다. 하지만 하나님은 그 성전에 계셔서 어린 사무엘에게 자신을 알려주시며 저물어 가는 시대의 거장으로 그를 키우고 계셨다.

✦젊은 제사장들의 죄

> "이 소년들의 죄가 여호와 앞에 심히 큼은 그들이 여호와의 제사를 멸시함이었더라(사무엘상 2:17)."

엘리의 두 아들은 여호와의 제사를 멸시했다. 그것은 심히 큰 죄였다. 제사를 멸시한 것은 그 제사의 대상을 멸시한 것이다. 그들은 여호와 하나님을 알지 못했고, 그래서 겁 없이 여호와의 제사를 멸시했다. 그것은 하나님을 멸시하는 것과 다르지 않다. '알지 못함'은 교육받지 못함이고 배웠음에도 깨닫지 못한 것은 교육의 잘못이다. 소년들의 아버지인 엘리 제사장은 자신의 길을 이어받아 제사장으로 살게 될 아들들에게 여호와 하나님에 대해 잘 가르치지 못했다. 그 가정엔 교육이 없었다. 제사를 드리기 위한 형식적인 절차의 교육은 있었겠지만 그들의 아버지 엘리는 제사를 받는 하나님에 대해선 가르치지 않았다. 그 위대하신 하나님의 거룩하고 높으심을 그들은 아버지로부터 배우지 못했다. 그랬기에 젊은 제사장들은 제사를 멸시했다. 그 젊은 제사장들의 죄는 곧 그들의 아버지, 엘리 제사장의 허물이라 할 수 있다.

하나님께 제사하는 일을 멸시한 제사장들이 회막문에서 시중드는 여인들과 동침한 사실은 그리 놀랄 일이 아니다. 영적인 타락은 모든 것을 무너뜨린다. 그래서 예배의 실패는 모든 삶의 실패를 가져온다.

✦세마포 에봇

여호와의 제사를 멸시하는 엘리의 아들들의 죄가 여호와 앞에서 계속되고 있던 그 시절에 어린 사무엘은 매년 어머니가 가져

다준 세마포 에봇을 입고 여호와를 섬겼다. 아들들의 패역을 볼 수가 없어 감은 눈을 뜰 수 없었던 엘리 제사장과는 대조적으로 한나는 1년에 한 번 가는 제사를 위해 어린 아들에게 입힐 세마포 에봇을 한 올 한 올 눈물과 기도로 지으며 세월을 삼켰다. 벌거벗은 몸으로 수치를 드러내기를 주저하지 않았던 젊은 제사장들의 무대에서 어린 사무엘은 어머니가 지어 준 세마포 에봇으로 자신을 단장하며 여호와를 섬겼다. 옷은 사람의 행실에 비유되며 세마포가 뜻하는 것은 성도의 착한 행실이다(계시록 19:8).

✦아비의 죄

하나님께서 사람을 택하실 땐 항상 그 사람과 가정을 영원히 쓰기를 원하신다. 그래서 그분은 자신의 마음에 합한 자들을 부르신다. 하지만 많은 사람이 자신을 거룩함으로 지키지 않아 그분의 그릇이 되기에 부족하다. 거룩하시고 공의로우신 하나님은 변질된 사람들과 더 이상 함께하시지 못한다.

*하나님은 누구나 사랑하시지만 아무나 쓰지는 않으신다

> "그러므로 누구든지 이런 것에서 자기를 깨끗하게 하면 귀히 쓰는 그릇이 되어 거룩하고 주인의 쓰심에 합당하며 모든 선한 일에 예비함이 되리라(딤후 2:21)."

하나님께서는 애굽에 속해 있던 이스라엘 백성들을 구원하려 모세를 통해 그들을 출애굽 시키고 가나안으로 옮긴 후 엘리와 그 아들들의 조상인 레위 자손들에게 에봇을 입혀 온 이스라엘 백성들의 제사장으로 삼았다.

하지만 엘리와 그 아들들은 그들 조상의 집을 영영히 쓰기를 원하시는 하나님의 뜻을 저버린 채 하나님을 존귀히 여기지 않고 도리어 멸시하며 자신들을 더럽혔다. 하나님께 제사 드리는 일에 쓰이는 거룩한 물건들을 함부로 다루고 백성들이 하나님께 바친 예물들 중 가장 좋은 것들을 취하여 자신들을 살찌웠다(삼상 2:29). 실제로 엘리는 비만한 제사장이었다(삼상 4:18).

죄 가운데 자신을 방치한 두 젊은 제사장을 한날에 죽이기로 작정하신 하나님의 뜻 뒤에는 책임을 피할 수 없는 그들의 아비 엘리가 있었다. 엘리 제사장은 하나님보다 자식을 더 중히 여기는 무지한 아버지였다. 그 무분별한 사랑은 자식을 버려 놓았고 자식들은 아버지의 말을 귀담아듣지 않았다(삼상 2:25). 그는 영향력을 잃어버린 아버지였다.

하나님은 사무엘의 부모인 엘가나와 한나에게 망해가는 제사장 엘리의 축복 기도를 통해 세 아들과 두 딸을 주셨다. 하지만 남을 축복한 엘리는 자신의 집은 세우지 못한 채 재앙의 날을 향해 남은 삶을 살아갈 뿐이었다.

하나님은 엘리에게 거듭 경고하셨지만 그는 더 이상 하나님의 음성을 들을 수 없을 만큼 영혼이 메말라 있었다. 자신의 가문에 노인이 하나도 없게 하는 날이 이를 것이라는 경고를 듣고도, 그의 집에서 태어나는 아이들이 모두 젊은 날에 죽게 될 것이라는 경고를 듣고도, 두 아들 홉니와 비느하스가 같은 날에 죽을 것이라는 경고를 듣고도 그는 하나님 앞에 나가 울지 않았다. 자신의 두 아들이 아비의 말을 귀담아듣지 않았던 것처럼 엘리 자신도 여호와의 말씀을 회개의 귀로 듣지 못했다.

하나님께서 아이 사무엘을 통하여 보낸 가문에 임할 재앙의 경고를 듣고도 그는 "말씀하신 분이 여호와시니 선하신 소견대로 하실 것이니라."라며 "자기 아이들이 저주를 자청하되 금하지 아니한(삼상 3:13)" 아비의 죄를 무마했다. 그 아비에 그 아들들이었다.

✲그 젊은 제사장들의 어머니

실로의 성전에서 사무엘은 어린 시절부터 매일 제사장 엘리를 만났지만, 그는 진정한 스승이 아니었다. 오히려 1년마다 한 번씩 찾아오는 어머니 한나가 사무엘의 진정한 스승이었다. 성전의 제사장 엘리는 말로써 어린 사무엘을 지도했지만 어머니 한나는 눈물 어린 기도와 삶으로 아들을 가르쳤다.

그런데 시대의 패역자였던 젊은 제사장 홉니와 비느하스의 어머니는 어디에 갔을까? 아비로서 엘리는 아들들에게 좋은 영향을 끼치지 못했다. 그의 아내이자 그 아들들의 어머니는 도대체 어디에 갔을까?

성경에는 여인들의 이름이 자주 등장하지 않는 편이지만 놀랍게도 위대한 거장들의 뒤에는 항상 위대한 어머니들이 있었다. 그런데 불행히도 실로의 성전에서는 그 위대한 아내이자 어머니를 찾아볼 수가 없다. 대신 그곳엔 회막문에서 시중들며 젊은 제사장들의 욕망의 짝이 되었던 가련한 여인들만 있다. 사무엘에게 있었던 기도하는 어머니가 엘리의 아들들에겐 없었다. 내 생각엔 그들의 어머니는 일찍 세상을 떠났다고 여겨진다. 만약 그렇지 않다면 그 아들들에게는 있으나 마나 한 어머니가 있었다는 말인데, 그건 더욱 슬픈 일이 아닐 수 없다. 엘리의 아내, 홉니와 비느하스의 어머니는 자신이 있어야 할 그 성전엔 없었다.

*운명이 바뀐
  두 가문 이야기

더 이상 하나님은 엘리에게 말씀하지 않으셨다. 엘리는 더 이상 들을 귀도 행할 손도 없었다. 어두워진 육체의 눈만큼이나 그의 영은 암흑 속을 걷고 있었다. 그래서 그의 말년엔 이스라엘 땅에 여호와의 말씀이 희귀하여 이상이 흔히 보이지 않았다(삼상 3:1). 한 나라의 영적인 지도자의 어두움이 시대의 어둠이 되어 가는 참으로 슬픈 시대가 깊어 가고 있었다.

하지만 하나님은 언제나처럼 사람들의 타락으로 인해 자신의 일을 방해받지 않으신다. 대신 여호와는 '그 잔을 옮기신다.' 연로한 엘리가 자신의 처소에서 누웠던 시간에 여호와의 전안에 머물렀던 어린아이 사무엘에게 하나님은 자신의 마음을 음성으로 들려주신다. 어미의 집을 떠나 멀리 실로의 성전에서 홀로 자라나는 자신의 어린 종과 항상 함께 계셨던 하나님은 사무엘에게 즐겨 말씀하셨다. 또한, 사무엘이 백성들에게 전한 말씀이 다 이루어져 백성들로 하여금 여호와 하나님이 사무엘과 함께하심을 친히 보여 주셨다. 하나님은 그렇게 자신의 어린 종 사무엘을 백성들의 선지자로 높여 주셨다.

*엘리 가문의 마지막 날

이스라엘이 블레셋을 상대로 전쟁을 치르던 날, 이스라엘의 장로들은 하나님의 궤를 진중으로 가져간다. 그들의 예상과는 달리 이스라엘 군대가 블레셋에게 패하여 사천 명의 군사가 블레셋의 칼에 죽었기 때문이다. 그래서 그들은 실로의 성전으로 백성을 보내어 하나님의 궤를 운반한다. 하나님의 궤가 가는 곳에 하나님의 능력이 함께할 거라고 그들은 믿는다. 위기의 전쟁에서 하나님께 무릎 꿇어 부르짖는 기도 대신 그들은 하나님의 궤를 보증수표 삼아 이길 수 있을 거라 믿는 것을 택한다. 그것은 마음을 필요로 하는 예배가 아닌 머리가 만든 프로그램이다. 이스라엘의 영적인 책임자인 엘리는 하나님의 궤와 함께 두 아들을 전쟁터로 딸려 보낸다. 이미 영과 육체가 쇠한 엘리는 그것의 잘잘못을 생각할 능력을 상실한 것처럼 보인다. 하나님을 섬겼지만 하나님의 마음을 몰랐던 제사장으로 인해 하나님의 궤를 적군에게 빼앗긴 날, 제사장의 두 젊은 아들 홉니와 비느하스가 죽고 그 소식을 들은 엘리도 같은 날 길고 긴 40년간의 사사의 삶을 마친다.

늙은 제사장의 손자이자 젊은 제사장의 아들을 임신 중이던 비느하스의 아내는 하나님의 궤를 빼앗겼다는 소식에 충격을 받아 아픈 배를 움켜쥐고 구푸려 해산을 하다 안타까운 삶을 마친다.

"이가봇(영광이 이스라엘을 떠났다)!"을 외치며……. 이로써 실로의 제사장, 엘리의 가문은 이 땅의 역사에서 자취를 감춘다.

하지만 이스라엘은 끝나지 않았다. 이를 위해 하나님은 일찍이 슬픈 여인 한나의 기도와 헌신을 통해 사무엘을 부르시어 엘리의 마지막 날이 사무엘의 첫날이 되도록 그를 양육하셨다. 사무엘은 하나님의 나라를 위해 일찍이 선택되어 오랫동안 준비한 거장의 길을 간다.

2장
요셉,
고난으로 세워진 거장의 학교

우리는 성경에서 또 한 사람의 아름다운 거장을 만난다. 야곱의 아들로 태어나 어린 나이에 어머니를 여의고 어린 동생의 손을 잡고 험악한 형들의 틈바구니에서 자라 형들의 투기로 인해 종이 되기도 했으며 한 여인의 모함으로 죄수가 되기도 했던 사람. 하지만 그런 전력에도 불구하고 당시 강대국인 이집트의 총리가 되었던 사람. 그가 바로 오늘 우리가 구약의 창세기에서 만나는 큰 거장 요셉이다.

한 부잣집의 연약한 아들은 열일곱 살 나이에 형들의 배반으로 인해 은 스무 개의 가치로 전락해 노예로 팔렸다. 13년의 세월이 지나 그는 어떻게 막강한 이웃 나라의 총리가 되었을까. 또한, 그는 어떠한 사람이었기에 도리어 자신을 종으로 팔아넘긴 형제들을 구했을까. 그 흥미진진하고 가슴 떨리는 이야기가 이제 당신을 기다린다.

✳️복잡한 집안의
열한 번째 아들

요셉의 아버지 야곱은 부자였지만 복잡하기 그지없는 집안의 가장이었다. 그는 아내가 네 명이나 되었으며, 그 아내들은 마치 경쟁하듯 아들을 낳았다. 당시의 족장들이 여럿의 아내를 갖는 것은 더러 있는 일이었지만, 이로 인해 야곱의 가정은 미디안 광야를 뛰어다니는 들쥐들의 가정보다도 더 복잡하고 시끄러웠다.

그 야곱의 가정 안에는 한 남자를 남편으로 둔 자매의 시기가 있었고, 어떻게 해서든 자기편의 자녀를 늘리기 위한 여인들의 지능적인 싸움이 있었다. 그들은 자신의 하녀를 통해서라도 남편의 자식을 늘리려 앞다투어 하녀를 첩으로 주었다. 남편의 마음을 뺏으려 밤마다 하녀들의 침소로 남편을 경쟁적으로 밀어 넣었다. 그들은 자신들의 집을 하나님의 나라를 이루기 위한 아름다운 처소가 아닌 욕망과 욕심으로 가득 찬 투기의 시장 바닥으로 전락시켰다.

그런 가운데서 요셉은 라헬의 장자로 태어났다. 요셉의 어머니였던 라헬은 남편의 다른 아내들과는 달리 아이를 낳지 못하던 여인이었다. 사무엘의 어머니 한나처럼 그녀 역시 하나님이 성태치 못하게 하시어(창 30:2) 무자했던 여인이었다. 그래서 라헬은 남편의 아이를 낳았던 다른 세 여인과는 달리 무자한 여인의 부끄러움에서 오는 깊은 한숨과 뜨거운 눈물이 있었다. 그녀의 아들 요셉은 하나님을 향한 애타는 간구를 통해서 한 여인의 장자로 태어나게 되었다.

어머니 라헬은 첫 번째 아들을 낳았던 그날 "하나님께서 나의 부끄러움을 씻으셨다(창 30:23)."라고 그간의 고통을 토로했으며, 그 아들의 이름을 '요셉(여호와는 다시 다른 아들을 내게 더 하시기를 원하노라.)'이라 하여 또 다른 아들에 대한 소망을 담았다. 하지만 라헬은 둘째 아들을 출산하다 생명을 잃는다. '베노니(내 슬픔의 아들)'를 외치며.

요셉의 어린 시절

요셉을 낳은 지 얼마 지나지 않아 야곱은 외삼촌이자 장인인 라반과 함께 살고 있던 메소포타미아를 떠나 아비 이삭이 살고 있는 가나안을 향한다. 하지만 노중 세겜 성에서 그 땅의 추장이 었던 세겜에게 딸 디나가 강간당하는 사건이 터진다. 그로 인해 야곱의 아들이며 디나의 오빠인 시므온과 레위가 그 성의 모든 남자를 죽이고, 다른 아들들은 그 성을 약탈한다. 남의 땅에서 피비린내 나는 살육을 한 아들들을 고통스럽게 지켜본 야곱은 다시 모든 가족을 데리고 벧엘로 이주한다. 그 길가에서 그가 사 랑하는 아내이자 요셉의 어머니인 라헬이 두 번째의 아들 베냐민 을 출산하다 산고 끝에 죽는다. 그때 요셉의 나이는 다섯 살 안 팎에 불과했다.

이때부터 아내를 잃은 슬픔을 겪은 야곱은 어머니를 잃은 요셉 과 극한의 슬픔과 고통을 공유한 부자(父子)로 함께하게 된다. 그 렇기에 요셉은 아비 야곱에겐 특별한 아들이었다. 아내를 잃은 야곱은 자신의 아비가 아들들을 데리고 살았던 가나안에 정착하 고 요셉도 어린 시절을 그곳에서 보낸다.

당신의 자녀도 거장이 될 수 있다

✱꿈꾸는 소년

슬픔의 아들 요셉은 야곱의 다른 아들들과는 달리 꿈꾸는 사람이 된다. 꿈은 꾸어지는 것이지만 꿈을 꾸는 사람은 그렇지 않은 사람들과는 다른 사람이다. 꿈을 꾸어서 꿈이 있는 사람이 되는 게 아니라 꿈이 있는 사람이 꿈을 꾸게 된다.

꿈이 있는 사람은 꿈이 없는 사람과 함께할 수 없고, 꿈을 꾸지 않는 사람은 꿈을 꾸는 사람을 받아들이지 않는다. 어쩌면 그들은 빛과 그림자처럼 함께 있어도 하나가 되기는 불가능한 사람들일지도 모른다. 형제들은 꿈꾸는 자인 요셉을 받아들일 수가 없다. 그래서 그들은 마침내 열일곱 살 동생을 타국의 상인들에게 팔고 만다.

때로는 세상이 하나님의 사람을 방해하고 해칠 수는 있지만 그 행위 역시 하나님의 손안에서 벗어나지 못하는 일임을 사람들은 알지 못한다. 하나님은 실로의 제사장 가문에 어둠이 찾아왔을 때 장차 이스라엘을 밝힐 불인 어린 사무엘이 준비하셨다. 이처럼 장차 이스라엘을 구원할 계획을 위해 꿈꾸는 자인 요셉을 더 큰 세계로 이끌 준비를 하신다.

✦여호와께서
   요셉과 함께하시므로

가는 곳마다 요셉은 형통한 자가 된다. 여호와께서 항상 그와 함께했기 때문이다. 요셉의 트레이드 마크(Trade Mark)는 '하나님이 함께한 사람'이다. 창세기의 기자는 이 사실에 대해 39장에서 거듭 강조한다.[4]

하나님께서 항상 요셉과 함께하신 것은 요셉이 하나님을 존귀하게 여기는 자였기 때문이다. 후대의 불행했던 제사장 엘리에게 말씀하신 것처럼 여호와는 자신을 존중히 여기는 자를 존중히 여기고 자신을 멸시하는 자를 경멸히 여기겠다고(창세기 2:30) 말씀하신 분이다.

하나님께서 범사에 요셉과 함께하시므로 그는 형통한 자가 된다. 요셉 때문에 보디발의 집에 하나님의 복이 내린다. 과거 야곱으로 인해 그의 외삼촌 라반의 집도 복을 받았던 것처럼 요셉도 자신의 아버지처럼 복의 중심에 서 있다. 그의 증조부는 하나님으로부터 '복의 근원'이 될 것을 약속받았던 아브라함이다. 지

---

4) 창세기 39장에는 '여호와께서 요셉과 함께하셨다.'라는 내용과 관련된 표현들이 거듭 기록되어 있다. "여호와께서 요셉과 함께 하시므로(2절)", "그 주인이 여호와께서 그와 함께하심을 보며(3절)", "여호와께서 그의 범사에 형통케 하심을 보았더라(3절)", "여호와께서 요셉을 위하여 그 애굽 사람의 집에 복을 내리시므로(5절)", "여호와께서 요셉과 함께 하시고(21절)", "이는 여호와께서 요셉과 함께 하심이라(23절)", "여호와께서 그의 범사에 형통케 하셨더라(23절)".

금 그 아브라함의 증손자는 비록 종이 되어 애굽 땅에 거하지만, 그 축복의 줄기는 그에게서 끊어지지 않는다.

✦미스 이집트!
그녀도 하나님이 함께하는 요셉을 넘어뜨리지 못한다

"요셉은 용모가 준수하고 잘생긴 미남이었다(창세기 39:6, 표준 새 번역)."

항상 업무에 바빴던 시위대장 보디발과는 달리 항상 한가했던 그의 아내는 날마다 요셉을 유혹한다. 요셉은 잘생긴 젊은 남자였기 때문에 아름다운 여성의 유혹을 받는다. 말하자면 그의 잘생긴 외모가 그의 연약한 부분이자 적의 공격 포인트였던 셈이다. 사람을 넘어뜨리는 유혹은 항상 그 사람의 자신만만한 부분을 뚫고 들어온다. 그래서 사탄은 하나님의 사람을 무너뜨릴 때 그러한 전략을 가지고 쳐들어온다. 모든 사람은 약점이 있다. 그런데 그 약점은 그 사람의 강점과 깊이 관여되어 있다. 그렇기에 사탄은 사람들을 비교적 쉽게 무너뜨릴 수 있다. 가난한 사람은 그 가난 때문에 쉽게 돈 앞에 무너지기도 하고, 부자인 사람은 가진 돈 때문에 패망하기도 한다. 권력을 열망하는 사람은 그것을 얻기 위해 비열해지기도 하며, 권력이 있는 이들은 그 권력 때문에 더 사악해지기도 한다.

가난한 선지자 엘리사의 종 게하시는 빈궁함으로 물질의 유혹을 받아 자신을 망하게 했으며 부자였던 여리고의 세관장은 돈이 많았지만 더 큰 돈의 유혹을 떨칠 수 없어 정든 세관을 떠날 수 없었다. 이스라엘의 두 번째 왕이었던 절대 권력자 다윗은 남의 아내를 유혹하기 위해 자신의 권력을 사용했다.

하지만 하나님이 함께했던 사람 요셉은 보디발의 아내의 끈질긴 유혹에도 불구하고 결코 흔들리지 않는다. 요셉은 아무도 모르는 타향에 끌려 온 외롭고도 가난한 노예다. 그도 사랑이 필요한 혈기 왕성한 젊은 남자다. 하지만 그는 여호와께서 자신과 함께 계심을 잊지 않아 아름답고, 힘 있고, 돈 많은 여인의 유혹을 물리친다.

감옥에서도
빛났던 하나님의 사람

죄를 이긴 요셉을 기다리는 것은 상급이 아니었다. 막강한 힘으로 다가온 화려한 유혹을 보기 좋게 물리친 요셉에게 돌아온 대가는 그의 육체마저 가두어 버린 정치범들의 감옥이었다.

하지만 그 감옥은 장차 하나님의 사람에게 수여할, 상상 못할 큰 선물을 포장한 박스였다. 그는 감옥에서도 자유로운 영혼을 가진 하나님의 사람이었다. 그는 감옥에서 죄수처럼 살지 않고 총리처럼 살았다. 아무도 그를 간섭하지 않았고 도리어 그가 모든 것을 치리했다. 그리고 더군다나 요셉을 감옥에 넣었던 전 주인 보디발은 감옥에 있는 그를 인정했다. 왕의 두 신하가 왕께 죄를 범하여 감옥에 오게 된 일이 있었는데, 보디발은 요셉으로 하여금 그들을 시중들게 했다(창세기 40:4).

이 대목에서 보디발은 이미 지난날 자신의 아내와 요셉 사이에 있었던 일에 대한 진실을 안 듯하다. 아마 그랬을 것이다. 한갓 팔려 온 히브리 노예에 불과한 요셉을 그 일로 인해 죽이지 않고 자신의 집 안에 있는 왕의 감옥에 넣었던 일을 생각하면 그는 분명 요셉의 결백을 알고 있었다. 단지 그는 자신의 위치와 다른 사람들을 향한 가문의 명예 때문에 요셉을 석방하지 않았을 것이다.

죄가 없었던 요셉은 그래서 감옥에서도 죄수로 살지 않았다.

✦꿈을 꾼 소년이 꿈을 해석하다

같은 감옥에 갇힌 왕의 두 신하가 전날 밤의 꾼 꿈을 놓고 고민

하자 요셉은 이 꿈을 명쾌히 해석한다. "(꿈의)해석은 하나님께 있지 아니 하니이까(창세기 40:8),"라는 요셉의 확신에 찬 말이 대변하듯 요셉은 자신의 능력이 아닌 하나님의 능력으로 그들의 꿈을 풀어 준다. 하나님이 함께하는 사람, 요셉의 해석대로 사흘이 지난 후 한 신하는 왕의 앞으로 복귀하고 다른 한 사람은 죽음에 처한다.

왕에게 고하여 요셉의 억울함을 풀어 주겠다던 신하는 왕의 술 맡은 자로 복귀한다. 그러나 그는 2년 동안이나 그 사실을 망각하고 애굽에 온 지 11년이 된 요셉은 계속해서 감옥의 죄수로 세월을 보낸다. 하지만 하나님이 함께하신 하나님의 사람 요셉은 하나님과 함께하므로 세상의 그 누구보다도 행복한 사람으로 산다.

왕의 신하가 출소한 지 만 2년이 지났을 때, 이집트의 파라오는 아무도 능히 해석할 수 없는 꿈을 꾸고 그로 인해 이집트의 정가는 술렁인다. 그제서야 지난 기억을 떠올린 술 맡은 신하는 요셉을 기억해 내고 그를 천거한다. 왕 앞에 선 요셉은 "하나님께서 왕에게 평안한 대답을 하시리이다(창세기 41:16),"라는 말을 시작으로 꿈을 해석하고 단번에 왕의 마음을 사로잡는다. 자신을 외면하는 형들의 뒷모습을 눈물로 바라보며 말도 통하지 않는 나라의 노예가 되어 국경을 넘은 지 13년이 된 요셉은 그날 이집트의 파라오가 내어 준 수레를 탄다. 백성들은 그 앞에 엎드린다. 엄마 없이 자란 슬픔의 아들이던 요셉은 그의 나이 서른이 되어 파라오가 손가락에서 빼어 준 인장 반지를 끼고 이집트의 총리가 된다.

무엇이
그를 그렇게 만들었나

요셉은 어떻게 젊은 날의 유혹을 이길 수 있었을까? 그는 어떻게 오랜 시간 동안의 고난을 참아 낼 수 있었을까? 무엇이 그를 강대국 이집트의 총리가 되게 했을까? 그 놀라운 이유는 전능하신 하나님이 그와 함께 계셨기 때문이다. 그렇다면 요셉은 어떻게 아버지 되신 하나님을 알 수 있었으며, 어떻게 여호와께서 함께하시는 하나님의 사람으로 자랄 수 있었을까? 그리고 왜 여호와는 항상 요셉과 함께하셨을까?

그에겐
아버지가 있었다

요셉은 사무엘처럼 그의 곁에서 그를 끊임없이 가르치고 격려하는 어머니가 없었다. 하지만 그에겐 홉니와 비느하스에게는 없

95

었던 애정과 열정의 소유자인 하나님의 사람, 아버지 야곱이 있었다. 그는 이 모든 것을 아버지 야곱에게서 배웠다.

그 아버지 야곱이 누구인가? 야곱은 사랑받는 자였다. 그리고 그는 열정의 사람이었다. 야곱은 특히 어머니 리브가의 사랑을 독차지한 막내아들이었다. 그는 어머니의 치마폭 속에서 재롱을 떨며 어머니의 사랑을 받아먹고 자랐던 어머니의 사랑스럽고 유약한 아들이었다. 그는 벌판을 가로질러 다니고 거친 숨을 몰아쉬며 피 흘리는 짐승들의 뒤를　아 다니는 털이 많고 힘이 센 형, 들사람 에서와는 달랐다.

하지만 야곱은 자신이 간절히 원하는 일이 있다면 그가 가진 모든 것을 다 태워서라도 그것을 얻고야 마는 그런 열정의 사나이였다. 그는 장자의 명분을 얻기 위해 붉은 죽 한 그릇으로도 그 장자권을 흥정할 수 있는 사람이었고, 사랑하는 여인을 얻기 위해서 7년을 마치 일주일인 것처럼 투자할 수 있는 사랑의 열정을 가진 남자였다.

마침내 열정과 격동의 젊은 시절을 끝내고 거부가 되어 아비의 땅으로 돌아온 야곱에겐 함께 상실의 아픔을 겪었던 아들 요셉이 있었다. 야곱은 가장 사랑하는 아내를 잃은 남편이었고 그의 아들 요셉은 어린 나이에 어머니를 잃은 눈물의 아들이었다. 그런데 어느 날 그 아들이 꿈꾸는 소년으로 아비 앞에 나타났다. 그것은 말도 안 되는, 기가 찬 꿈이었다. 야곱 역시 요셉의 형들

당신의 자녀도 거장이 될 수 있다

과 함께 그를 꾸짖었지만 그 아비는 그 아들의 꿈을 가슴속에 새겨 놓았다.

✦ 야곱, 그가 누구인가
─그가 바로 꿈을 꾼 사람이 아니었던가

장자의 꿈을 안고 그는 붉은 죽 한 그릇으로 그 명분을 산다. 비록 가치에 비해 보잘것없는 것을 지불한 불공정 거래였지만 그는 항상 그 권리가 그에게 있음을 믿었고 그 사실을 어머니 리브가에게 설득시켰을 것이다. 그래서 장자를 축복하기를 원했던 아버지 이삭이 에서를 불러 그를 축복하려 했을 때 어머니 리브가는 자신의 마음속에 있는 진정한 장자인 막내아들 야곱을 그날 아버지의 축복의 손 아래로 밀어 넣은 것이다. 그래서 꿈쟁이 (visionary) 야곱은 형을 피해 어머니의 오라비인 라반의 집으로 도망간다.

그날 밤 그 노정의 광야에서 돌베개를 베고 잠을 자다 야곱은 꿈을 꾼다. 땅으로부터 하늘에 닿은 사다리에서 하나님의 사자가 오르락내리락하고 그 위에 서신 여호와는 도망자 야곱을 축복하신다. 그의 할아버지 아브라함의 하나님과 그의 아비 이삭의 하나님께서 이제 야곱의 하나님이 되셔서 그의 할아버지에게 하신 축복의 약속들을 그에게 그대로 부어 주신다.

그가 누워 있는 땅을 그와 자손에게 주며 그의 자손이 하늘의 별처럼 많아져 온 땅에 충만하며 그와 그 후손들로 인하여 땅의 모든 족속이 복을 받을 것이라 하나님은 말씀하셨다. 그리고 그 모든 것들을 다 이룰 때까지 그를 떠나지 않으리라고 여호와는 약속하셨다. 모든 것을 축복으로 받은 야곱이 거부가 되어 아비의 땅 가나안에 정착한 그때, 늙은이가 된 야곱 앞에 아들 요셉이 꿈꾸는 자가 되어 반짝이는 눈으로 아비의 품에 안긴다.

야곱은 말할 것도 없이 가장 사랑했던 아내 라헬의 아들 요셉을 끔찍이 사랑했다(라헬이 낳았던 또 하나의 아들인 베냐민은 출생한 날부터 유모에 의해 길러졌을 것이다). 그래서 그는 노년에 얻은 사랑하는 아들을 위해서 특별한 옷을 지어서 입혔다. 그리고 야곱은 그 어떤 아들보다도 요셉과 함께 많은 시간을 보냈을 것이다. 요셉 역시 양치기였지만 형들이 벌판에 나가 양을 치는 때도 그는 종종 아버지와 함께 있었다(창세기 37:13). 야곱은 일찍 어머니를 잃은 가엾은 아들 요셉과 함께하던 그들만의 시간에 누구나 그렇듯이 자신의 특별한 가문 내력을 사랑하는 아들에게 낱낱이 말했을 것이 분명하다.

야곱은 일흔 다섯의 나이에 하나님의 부름을 받아 믿음의 사람으로 살았던 자신의 할아버지 아브라함의 이야기를 시작으로 그 할아버지가 백 세에 자신의 아버지를 낳았던 일이며 그 귀한 아들을 하나님의 명을 따라 모리아산에서 바치려 했던 할아버지의 믿음과 순종을 자신의 아들에게 열정적으로 가르쳤을 것이다.

아브라함 할아버지의 축복의 유산을 받았던 자신의 아버지 이삭이 농사지어 백 배의 소출을 얻었던 그 해의 가을(창세기 26:12) 이야기를 하며 야곱은 어린 아들 요셉에게 그들 가문 속에 흐르는 축복을 알려 주었을 것이다.

형의 발꿈치를 붙들고 어머니의 몸을 빠져나왔던 자신의 출생 이야기부터 자신이 얼마나 아버지의 장자가 되고 싶어 했던가 하는 이야기, 그래서 마침내 사냥에서 돌아온 허기진 형에게 뜨거운 죽 한 그릇으로 장자권을 샀고 그것 덕분에 늙은 아버지를 속여 형 대신 장자의 축복을 받았던 이야기, 자신을 죽이려 하는 형을 피해 처음으로 어머니와 헤어져 먼 길을 떠나야 했던 슬픈 이야기, 그때 눈물로 돌아본 모습이 그가 본 마지막 어머니의 모습이었다는 이야기까지. 마지막 이야기를 할 땐 이미 노인이 다 된 야곱도 그의 늙고 투박한 손으로 흐르는 눈물을 훔쳤을 테고, 그것을 본 요셉은 동생을 출산하다 죽은 어머니 생각에 아버지의 품속에 안겨 어깨를 들썩이며 울었을 것이다.

하지만 하란의 외삼촌 댁을 향해 도망가던 자신이 광야에서 노숙하다 꿈을 꾸고는 베개로 삼은 돌에다 기름을 붓고 하나님께 서원하며 그곳의 이름을 '벧엘'이라 했던 이야기를 할 땐 그날 밤 하나님이 그에게 약속하셨던 축복들을 하나도 빼놓지 않고 거듭 설명했을 것이다. 그리고 무엇보다도 야곱이 어디를 가든지 여호와께서 그를 지키시며 그 모든 축복을 부어 주실 때까지 곁을 떠나지 않을 것이라고 약속하셨던 하나님을 아들에게 가르쳤을 것이다. 그리고 야곱의 후손을 통하여 모든 백성이 복을 받을 것이라는 여호와의 말씀을 전했을 것임에 틀림이 없다.

하란의 외삼촌 댁에서 만난 자신의 첫 사랑이자 요셉을 낳은 아내 라헬을 얻기 위해 7년을 마치 일주일을 보낸 듯이 살았던 꿈 같았던 세월들, 하지만 삼촌에게 속아 사랑하는 여인을 위해 도합 14년을 라반을 위해 봉사했던 이야기와 삼촌과 함께했던 20년 동안 그가 열 번이나 품삯을 변경했던 이야기, 그리고 요셉을 낳은 후 하나님의 축복으로 거부가 된 자신이 많은 소유를 이끌고 조상들의 땅으로 돌아오다 만난 하나님이 자신의 이름을 '야곱'에서 '이스라엘'로 바꿔 주신 이야기며 자신을 통해 많은 국민이 나며 자신의 허리에서 왕들이 날 것을 말씀하신 하나님의 약속에 대해서 흥분을 감추지 못하고 가르쳤을 것이 분명하다.

야곱은 자신의 삶을 통해 무엇이 그의 삶에 축복이었으며 무엇이 그에게 고통을 안겨 주었는가를 아들에게 입힌 채색옷만큼이나 소중하고 정성스럽게 가르쳤다. 그래서 요셉은 꿈꾸는 자가되었고 아버지 야곱도 아들이 꾸는 꿈을 마음에 새겨 두었다. 요셉은 열일곱이 될 때까지 증조부 아브라함의 하나님, 조부 이삭의 하나님 그리고 야곱의 하나님을 부친으로부터 배웠다. 야곱은 자신의 할아버지 아브라함으로부터 온 축복이 아버지 이삭을 통해 자신의 형님인 에서가 아닌 자신에게 이어진 것처럼 자신을 통해 흐르는 축복의 물줄기를 다른 아들이 아닌 요셉에게 이어지길 바랐다. 그래서 그는 매일 아들을 만나 조상부터 섬겨 온 하나님을 열심히 가르쳤고 아들 요셉은 평생을 섬길 여호와 하나님을 아버지로부터 배웠다.

야곱의 사랑받던 아들 요셉은 아버지의 가르침으로 인해 증조부 아브라함의 하나님, 조부인 이삭의 하나님 그리고 그가 가장 사랑하는 아버지 야곱의 하나님이 항상 그와 함께하실 것을 믿었다. 그리고 그 믿음은 요셉의 평생을 이끄는 모든 힘이 되었다.

✦용서로써 요셉은
그의 삶의 피날레를 장식했다

요셉의 삶에서 가장 돋보이는 것은 무엇보다도 그가 살았던 용서의 삶이다. 그는 어린 시절부터 상처 입은 인생을 살았지만 그것들이 그의 삶을 해치게 내버려 두지 않았다.

요셉만큼 고난과 고생으로 점철된 상처 입은 인생을 살았던 사람이 있었을까? 그가 태어나 어린 시절 처음 겪게 된 상처는 어머니의 죽음이다. 자신의 유일한 동생인 베냐민을 낳다 돌아가신 어머니에 대한 기억은 그의 유년 시절을 어둡게 했다. 위로 있던 열 명의 형들은 다 어머니가 있는데 유독 그와 그의 어린 동생에게만 그 어머니가 없었다. 아무것도 기억하지 못하는 그의 동생 베냐민의 손을 잡고 얼마나 많은 눈물을 흘렸을까? 아버지의 심부름으로 형들을 찾아갔던 벌판에서 그들의 배반으로 하루아침에 노예가 되어 맨몸으로 할아버지와 아버지의 땅을 떠났던 십 대 소년의 상처는 기네스북에 기록될 만한 최고의 고통이었다. 열 명의 형들은 어린 시절 어머니를 잃은 불쌍한 아이 요셉에게 아버지를 불법적으로 빼앗아 버린 용서받지 못할 죄를 범했다.

보디발의 아내로부터 당한 치욕과 그로 인한 감옥 생활은 그의 청년기의 삶을 온통 절망의 끝없는 나락으로 던진 사건이었다. 이토록 이 갈리는 고통을 그는 어떻게 받아들이고 복수했어야 했을까? 자신의 꿈풀이를 통해 다시 파라오의 앞으로 나아갔던 왕의 신하의 부도낸 거짓말은 어쩌면 그에게 서글픈 웃음만을 자아내게 했을지 모른다. 그 사건은 더 이상 기대할 것 없는 세상을 살아가는 한 젊은이를 냉소적인 인간으로 만들기에 충분한 상처였다.

하지만 우리의 요셉은 이 모든 우려를 말끔히 씻어 주기에 충분한 거장이었다. 그는 큰 대양이 흘러드는 세상의 강물을 말없이 받아들이듯 그에게 닥쳐드는 그 많은 질고의 상처들을 아무것도 아닌 듯이 받아 삼켰다. 마치 세차게 내리치는 빗줄기로 패인 대지가 태양의 은총으로 더욱 굳어지듯, 하나님이 그를 죽이지 않는 한 요셉은 세상의 그 무엇에도 흔들림을 보이지 않았던 시대의 유일한 거장이었다.

요셉이 파라오의 집에서 총리가 되던 날, 가장 치를 떨며 두려워했던 사람은 과연 누구였을까? 다름 아닌 보디발과 그의 아내였을 것이다. 특히 왕의 집에서 가장 가까이에 집이 있었던 보디발의 아내는 요셉이 총리가 된 후로 어떻게 그 삶을 유지할 수 있었을까? 무사히 하루하루 지나는 시간을 얼마나 불안하게 살았을까. 불안을 견디다 못해 전날 자신의 노예였던 요셉의 발 아래로 찾아와 두 손이 닳도록 빌었을까? 아니면 용기가 나지 않아 그만 자살로 자신의 삶을 마감했을까?

✦므낫세 그리고 에브라임

요셉의 꿈풀이대로 이집트는 7년 동안 엄청난 풍년이 왔다. 추수한 곡식이 너무 많아 그 수를 세기가 불가능했다. 믿음의 사람 요셉은 제사장의 딸인 아내 아스낫을 통해 두 아들을 낳았다.

발가벗긴 종으로 국경을 넘었던 요셉과 함께하셨던 여호와께서는 보디발의 집에서도, 왕의 감옥에서도 그와 함께하셨고 그가 총리로 치리하는 이집트의 온 벌판에서도 함께하셨다. 그리고 그를 가장으로 세웠던 가정에도 함께하셨다.

장자의 이름을 '므낫세(잊음)'라 하여 그는 자신이 당한 그간의 고난과 아비의 집에서 있었던 일을 하나님이 잊게 하셨다고 고백했다. 그리고 두 번째 아들을 낳아 '하나님이 나로 나의 수고한 땅에서 창성하게 하셨다.'라는 뜻의 '에브라임'이라 이름했다.

✳ 요셉의 삶엔 항상 주어가
  '하나님'이었다

요셉이 그의 삶에서 선택한 주어는 항상 '하나님'이었다. 그 많은 상처 가운데서도 그는 원수를 갚는 길을 택하지 않았다. 그것 역시 하나님이 그 사실들을 잊게 하신 덕분이라고 고백했다. 13년의 세월을 종으로, 죄수로 흘려보낸 시간 가운데 찾아온 축복을 바라보면서 요셉은 "수고는 자신이 했지만 창성케 하신 분은 하나님이었다."라고 잘라 말했다.

✳ 요셉은
  딱 한 번 울었다

우리 앞에 서 있는 하나님의 사람 요셉은 이집트까지 식량을 사리 온 그의 형들 중의 한 사람인 유다가 전해 준 아버지의 소식을 듣고 방성대곡했다. 그것은 파라오의 궁중에까지 들린 요셉의 깊은 가슴에서 터져 나온 통곡이었다.

자신들 앞에 서 있는 이집트의 총리가 그들의 아우 요셉이란 사실을 듣고 감히 놀라지도 못했던 형들에게 했던 "근심하지 마소서, 한탄하지 마소서. 하나님이 생명을 구원하시려고 나를 당신들 앞서 보내셨나이다. 그런즉 나를 이리로 보낸 자는 당신들이 아니요 하나님이시라."라는 그 감동의 언어들은 형들의 가슴보다 이 세상 모든 사람의 가슴을 울리는 지구상 최고의 감동 메시지가 되었다.

그리하여 이스라엘의 자손들을 파라오의 귀한 손님으로 이집트 땅으로 이주시킨 것으로 요셉의 역할은 끝이 났다. 아름다운 드라마의 주인공으로 캐스팅되어 그 무대에서 거장의 면모를 유감없이 발휘한 요셉은 이 땅을 살다 간 위대한 하나님의 사람으로 영원히 기록된다. 요셉을 캐스팅한 하나님의 감동 드라마는 이렇게 막을 내린다. 하나님은 요셉과 같은 거장을 오늘도 찾으신다.

3장
모세,
광야에서 세워진 거장의 학교

　이집트의 나일강은 끊임없이 역사를 실어 나르고 흘려보낸다.
요셉을 알지 못하는 새 왕이 그 땅을 다스리고 있었을 때, 하나님
의 축복받은 야곱의 자손은 생육이 중다, 번식, 창성하고 심히 강
대하여 그 온 땅에 가득하게 되었다(출애굽기 1:7).

　하나님 백성의 번성을 두려워했던 세상의 왕이 마침내 히브리
산파들을 위협하여 태어나는 사내아이들을 죽이게 한다. 하지만
파라오의 말보다 하나님을 두려워한 산파들의 비협조로 이스라
엘 백성들은 생육이 번성하고 심히 강대해지며 그로 인해 산파들

은 하나님의 축복을 받는다. 이에 당황한 이집트의 파라오는 모든 이스라엘 백성들에게 그 후로 태어나는 아이들 가운데 여아는 살리고 남아는 나일강에 던지라고 명령한다.

✲태어나지 말아야 할 시대에
태어난 아이

사무엘과 요셉이 불임의 어머니들을 통해 기적적인 하나님의 은총으로 태어난 반면, 모세는 아이를 잘 낳는 어머니를 통해 세상에 태어났지만 그것은 태어나서는 안 될 시대에 일어난 사건이었다. 아이를 출산한 어머니들이 태어난 아이가 여아면 하늘을 향해 감사의 절을 올리고 남아면 누웠던 방바닥을 치며 통곡했던 그 시절, 요게벳은 울음도 우렁찬 잘생긴 사내아이를 낳고도 고통과 절망의 눈물을 삼켜야 했다.

✲용감하고 무모했던
믿음의 어머니

어린 아들 사무엘을 눈멀어 미친 제사장들이 사는 실로의 성전에 하나님을 향해 보내겠다고 고백했던 한나처럼, 자신은 살겠다고 아이를 강물로 던진 어머니들이 살고 있던 애굽 땅에서 요게벳은 하나님이 주신 아들을 겁 없이 몰래 숨겨 키운다. 이로써 그녀는 역사 속에서 숨 쉬었던 수많은 거장의 어머니들처럼 자신의 평안보다 하나님의 영광을 위해 몸을 던진 어머니로 기록된다.

거장의 역사는 고통 속에서 몸부림치며 여호와 하나님의 이름을 불렀던 눈물의 어머니들로부터 시작된다. 바로의 칼을 피해 백일도 채 되지 않았던 아들을 나일강에 띄워 보내기 위해 갈대 상자에 역청과 나뭇진을 바르며 울었던 모세의 어머니도 거장의 어머니가 되기에 충분한 여인이었다.

✱삯을 받고 자신의 아이에게 젖을 먹이는 여인

항상 모든 일이 그렇듯이 하나님을 섬기기로 하고 그 길을 따르면 하나님은 그 길을 여시고 축복하신다. 한나도 그걸 경험했고 요셉의 길을 통해서도 우린 그 사실을 확인했다. 물론 사람에 따라 하나님이 개입하시는 기한과 방법은 다르지만 믿음의 사람들은 어떤 시대든지 이 땅에 살아서 역사를 움직였다. 몇 시간 전만 해도 절망의 가슴으로 아들을 나일강에 띄웠던 갈대 상자의 어머니는 파라오의 공주로부터 대가를 받고 자식을 양육하는 기막힌 반전을 경험한다.

공주의 아들이 된 모세에게 젖을 먹이는 어머니 요게벳은 갈대 상자를 엮던 정성보다 더한 가슴으로 자식을 위해 하나님께 기도 드렸을 것이다. 이스라엘 백성들의 구원을 위해 기도하며 요게벳은 그 백성의 해방을 위해 자신의 아들이 파라오가 아닌 이스라엘의 하나님을 위해 살기를 간절히 원했을 것이다. 그것은 마치 실로의 성전의 주인이신 하나님께 아들을 바치기로 결심한 한나가 갓난아이 사무엘에게 젖을 먹일 때와 같은 심정이었을 것이다.

어머니가 아버지보다 자식에게 더 큰 영향을 끼칠 수 있는 이유는 생명을 바꾸는 듯한 아픔으로 출산하며 가슴으로 그 생명을 키우기 때문이다. 세상의 어머니들은 자녀를 살찌우는 젖을 먹이지만 하나님께 속한 어머니들은 기도하며 먹이는 젖만으로도 그 자녀를 거장의 길로 이끌 수 있다.

젖을 다 먹인 뒤 아들을 파라오의 공주가 아닌 하나님께 바치기를 간절히 원한 요게벳은 아들을 이미 거장의 반열에 들게 했다. 기도 없이 젖을 물릴 수 없었던 라마의 한나는 그의 아들을 기어이 거장의 첫 자리에 이름을 올려놓고야 말았다. 요게벳은 아들을 가르치지는 않았지만, 또 그럴 만한 시간적인 여유도 가지지 못했지만 그의 애타는 기도는 백만 스승의 가르침보다도 강한 힘을 발휘했다. 그 풀뿌리보다도 강한 어머니의 기도는 모세의 온 생애를 적시고도 남는 위대한 유산이자 힘이었다. 기도는 세상의 뭇 가르침을 능가한다.

공주가 붙여 준 이름

모세의 어머니 요게벳으로부터 자신의 아이를 넘겨받은 파라오의 공주는 그날부터 나일강이 준 그녀의 아들을 모세라 이름하여 이집트의 왕자로 양육하며 가르쳤다. 40년 동안의 정성으로 모세를 양육함으로써 그의 아들 모세는 이집트 사람의 학술을 다 배워 그 말과 행사가 능했다. 하지만 모세는 이집트의 태양신의 아들이 아닌 이스라엘의 하나님 사람이었다. 그에겐 40년을 사랑해 준 이집트인 어머니 파라오의 공주가 있었지만, 죽음의 시대에 그의 생명을 살리기 위해 목숨 걸기를 두려워하지 않았던 갈대 상자의 어머니를 잊지 않았다. 그는 어두워진 시대에 불을 밝힐 거장의 길로 나섰다.

*주를 위해 고민하는 이집트 왕자

　40년 동안을 반짝이지 않는 의자엔 앉아 본 적도 없었고 기름이 없는 음식을 입에 넣어 보지도 않았던 모세는 파라오의 공주의 아들 됨을 거절했다(히브리서 11:24). 향기가 나지 않는 여인을 만나 본 적도 없고 자신의 발에 먼지를 묻힐 틈도 없었던 이집트의 왕자 모세는 잠시 죄악의 낙을 누리는 것보다 하나님의 백성들과 함께 고난받기를 더 좋아한 사람이었다(히브리서 11:25). 그는 진정 그리스도를 위하여 받는 능욕을 이집트의 모든 보화보다 더 큰 재물로 여겼던 하나님의 사람이었다(히브리서 11:26).

　구약을 쳐다보는 신약 시대의 이스라엘 사람들은 그들의 역사 가운데서 가장 큰 거장 중의 한 사람을 모세로 기억했다. 초대 교회의 첫 순교자였던 스데반은 자신의 처음이자 마지막 설교에서 이스라엘의 영웅들 가운데 모세의 이야기를 가장 길게 언급했고, 히브리서의 기자 역시 그 유명한 믿음의 선진들을 이야기하며 모세를 가장 큰 믿음의 사람들 중의 한 사람으로 기록했다.[5]

---

5) 사도행전 7장에 기록된 스데반의 설교는 총 52절 가운데 모세에 관한 예를 무려 29절에 걸쳐 말하고, 히브리서의 믿음 장인 11장에는 믿음의 사람들에 대한 예를 들 때 20여 명의 사람을 이야기한 총 40절 가운데서 모세에 관한 기록에 7절을 할애했다.

✦하지만 거장도 실수를 한다

실패하는 사람은 거장이 될 수 없다. 하지만 거장도 실수는 한다. 그렇지만 실수의 원인을 깨닫지 못하면 거듭되는 실수를 저지를 수 있고 그렇게 되면 실패와 가까워지고 거장의 길은 그만큼 멀어지게 된다.

마흔 살이 되기까지의 모세는 이집트 왕자, 나아가서는 파라오가 되기 위한 준비를 마쳤지만 하나님의 사람으로서 거장이 될 준비는 끝내지 못했다. 거장은 하나님을 만남으로써 그 문에 들어간다. 마흔이 된 이집트의 왕자 모세는 자신이 히브리인임을 깨닫고 자신의 민족을 구하는 일에 열정을 품었지만 아직 하나님을 몰랐다. 하나님은 배움으로 깨닫게 되는 분이 아니라 경험적인 만남으로 알게 되는 분이다.

노역의 현장에서 이집트 사람에게 학대당하는 자기 백성을 보고 이집트 사람을 칠 때 그가 살핀 것은 하나님의 마음이 아니라 주위에서 그를 보는 눈이었다. 그는 주위에 이집트 사람이 없는 것을 보고 사람을 죽였다. 거장은 눈으로 보는 사람을 무서워하는 사람이 아니라 요셉처럼 마음으로 보는 하나님을 두려워하는 영적인 사람이다.

광야에서 만난 여인

한 번의 실수가 왕자인 그를 먼 광야로 내모는 결과를 가져왔다. 종이 된 백성을 구하기 위해 하나님이 그를 파라오 공주의 아들로 만들어 주신 것을 알았지만 사람을 힘으로 죽인 그의 실수가 그를 아무 할 일 없는 광야의 방랑자로 만들어 버린 것이다.

사람의 눈만을 의식하고 자신이 가진 힘으로 이집트 사람을 때려눕힐 때 그는 그 일로 인해 자신이 자란 파라오의 궁궐로 다시 돌아오기 위해 40년의 세월을 광야에서 허비해야 할 것을 알지 못했다. 모세는 광야에서 만난 미디안 처녀와 결혼을 했지만 결코 행복하지 않았다. 그녀는 이제껏 그가 보아 온 왕실의 향기를 지닌 여인들 중의 하나도 아니었고 이웃 나라의 어여쁜 공주도 아니었다. 그는 아들을 낳았지만 그의 삶에 아무런 변화를 느끼지 못했다.[6]

틀어진 사람이 하나님을 만나서 회복되기까지는 그의 삶은 변할 수 없다. 모세는 행복하지 않았다. 그래서 그는 진정한 자신의 모습을 잃어버린 채 40년의 세월을 낯선 광야에서 방황해야만 했다.

---

6) 모세는 아들을 낳아 '게르솜'이라 이름을 지었는데, 그 이름의 뜻은 '내가 남의 땅에서 얻어먹는 객이 되었다(공동 번역).'라는 것이다.

*떨기나무에 붙은 꺼지지 않는 불

날마다 똑같은 지팡이를 들고 비슷한 수효의 양을 몰아 언제 보아도 그곳이 그곳인 광야를 배회하며 모세는 남의 양을 먹였다. 잠시 타다 흔적도 없이 사라져 버리는 광야의 떨기나무에 붙은 불을 자주 보아 오던 모세는 어느 날 그 불이 떨기나무에서 사라지지 않는 기이한 광경을 보고 그곳으로 다가가다 여호와 하나님을 만났다. 그분은 이집트의 태양신이 아닌 어린 시절 어머니가 가르쳐 주신 이스라엘의 하나님 여호와였다. 그분은 그의 오랜 절망을 비집고 들어와 빛을 비추시는 분으로, 이제 늙은이가 다 된 그를 찾아오셨다. 모든 것이 완벽하게 준비되었던 사십 대의 모세를 버리시고 이제 황혼의 끝자락에 서 있는 노인 모세를 쓰시고자 먼지 나는 벌판을 달려오신 그분은 진정 그를 지으신 창조주셨다.

*네 발에서 신을 벗어라

그 당당했던 이집트의 하얀 얼굴의 왕자는 구릿빛의 쪼그라든 얼굴을 가진 노인이 되어 광야를 걷고 있었다. 40년을 광야의 양치기로 살았지만, 그는 여전히 아무것도 가진 것이 없는 미디안 광야의 객이었다. 두 아내를 위해 14년을 노동으로 봉사한 그의 오랜 조상 야곱처럼 모세는 아무것도 가진 것이 없었던 객으로서 아내와 음식과 살집을 제공받았다. 40년이 지나 노인이 된 그때까지 자신의 것이라고는 오른손에 들린 지팡이 외에는 아무것도 없었다. 어쩌면 육체마저 그의 소유가 아니었을지도 모른다. 그후 하나님의 부름으로 이집트를 향할 때도 그는 자신의 거취를 위해 장인 이드로의 허락을 받아야 하는 팔십 대 노인이었다(출애굽기 4:18).

하나님은 아무것도 가진 것이 없는 모세에게서 또 그 무엇인가를 앗아가기를 원하셨다. 빼앗는 것이 아니라 필요 없는 것들을 제하시고 새것으로 채우시는 것이 그분의 목적이었다. 뜨거운 사막 위를 걷는 양치기의 발가락에 걸려 있는 신발을 벗게 하시어 모세로부터 제하시고자 하신 것은 더러운 가죽 샌들이 아니라 아직도 그에게 남아 있는 세상의 미련이었다. 신발 신을 권리가 없는 사람은 노예이다. 하나님은 당신을 만나러 오는 모세가 살아 있는 자신을 부인하고 오직 당신만을 위한 종이 되길 원하셨다. 자신이 주인인 사람은 자신마저 지킬 수 없게 되지만, 하나님의 종이 된 사람은 주인이신 하나님의 나라를 세우는 자임을 그분은 아시기 때문이다.

맨발로 선 떨기나무 앞에서 자신에게 말씀하시는 아브라함의 하나님, 이삭의 하나님 그리고 야곱의 하나님을 뵙는 것이 두려워 모세는 두 팔로 얼굴을 가린다.

✳️내가 누구관대

모세에게 있어 가장 떠올리기 싫은 단어는 '이집트와 이스라엘 백성'이었을 것이다. 그 단어엔 그의 지난날의 실패가 묻어 있기 때문이다. 그런데 다시 생각하고 싶지 않은 이야기를 떨기나무로 찾아오신 하나님은 그에게 말씀하신다.

하나님은 당신의 사람들의 실수를 다시 회복시키시기를 원하신다. 사람들은 실수의 현장에서 멀리 도망가 떠나려 하지만 그들을 지으신 여호와는 그 실패에서 일어나 그것을 정복하기를 원하신다. 그리스도께서 십자가에 달려 죽으신 것은 그의 삶에서 겪었던 유일한 패배가 아니라 죄를 범한 인류에게 승리를 선사하는 놀라운 사건이자 역사였다. 그분은 우리의 승리를 위해 자신을 죽이셨다.

> "내가 누구관대 바로에게 가며 (내가 누구관대)이스라엘 자
> 손을 애굽에서 인도하여 내리이까(출애굽기 3:11)?"

모세는 자신이 누구인지를 몰라서 그렇게 물은 것이 아니다. 바로 40년 전에 그가 하기를 원한 일이었다. 그러나 지금은 사람을 죽인 살인자가 되어 도망하여 또 한 번 40년을 광야에서 살아 버린 쓸쓸한 황혼의 노인이라는 것을 누구보다 자신이 잘 알았기 때문이다. 하지만 그의 생각은 틀린 것이었다. 그것은 실패한 자신의 눈으로 바라본, 자신이 만든 그림자에 불과했다.

✤ 내가 정녕 너와 함께 있으리라

"너는 내가 함께하는 사람이다. 지난날, 너는 꿈은 있었지만 나와 함께하지 않았다. 하지만 이제 나는 너와 함께 있겠다. 너는 나와 함께 내 백성을 이집트에서 이끌어 내어 나와 만난 이 산에서 나를 섬길 것이다. 이제 내가 정녕 너와 함께 있겠다(출애굽기 3:12)."

팔십 평생을 살았지만 여전히 자신이 살아 있는 의미를 몰라 물었던 모세에게 하나님은 "너는 내가 함께하는 사람이다."라고 그의 심장을 흔들어 놓으셨다.

거장은 하나님과 함께하는 사람이다. 하나님과 함께 꿈을 꾸고 하나님과 함께 그 꿈을 이루어 가는, 그래서 거장은 하나님의 사

람이다. 이 세상에서 가장 강한 사람은 하나님과 함께하는 사람
이다. 칼과 단창을 자신의 힘으로 삼고 전장에 나온 골리앗은 조
약돌 몇 개를 가지고 전장에 선 하나님의 사람, 소년 다윗에게 힘
없이 무너져 내렸다.

지난날 애굽의 모든 학술과 무예를 겸비하고도 불법적으로 한
사람을 쳐 죽인 탓에 자신의 모든 삶을 파괴의 길로 내어 주었
던 모세는 이제 세상에서 가장 강대한 왕국으로부터 조국의 백
성들을 이끌어 내기 위해 하나님이 함께하시는 사람이 되어야
했다.

☀️ 내가 무엇이라고
그들에게 말하리이까

모세는 하나님을 만났지만 그분이 어떠한 분인지를 잘 알지 못
했다. 다른 사람들이 하나님에 관해 물을 때 그들에게 대답해 줄
말이 없다면 그것은 하나님을 모르는 것이나 다름없다. 하나님에
관해 아무런 할 말도 가지고 있지 않았던 모세를 하나님은 꾸짖
지 않으시고 '스스로 계신 분'이라고 당신을 알려 주셨다.

세상의 모든 지식을 안다 해도 '하나님'을 모르면 그것은 아무
것도 모르는 것이다. 그렇기에 거장은 하나님을 잘 알아야 한다.

거장은 하나님을 알기 위해 발버둥치는 사람들이다. 하나님에 관하여 아는 지식이 바로 거장들이 알아야 할 학문이다. 하나님에 대하여 배워서 그분을 알 뿐만 아니라 하나님을 만난 사람들이 바로 이 시대의 거장들이다.

*네 손에 있는 것이 무엇이냐

하나님에 관하여 말해 준다고 사람들이 다 그분을 믿는 것은 아니다. 사람들은 하나님의 능력을 보고서야 그분 앞에 굴복한다. 그래서 하나님은 종인 모세에게 능력을 입히기를 원하셨다. 하나님의 능력은 배워서 오는 것이 아니다. 그것은 그분의 임하심으로부터 온다.

모세의 손에 들린 지팡이가 하나님의 능력으로 사용되었다. 어떤 목자의 손에도 들려 있을 생명 없는 나무 막대기에 불과한 지팡이지만 하나님이 함께하시면 능력으로 사용된다. 포도주가 다 떨어져 혼인 잔치가 위기를 맞았을 때 그리스도께서 기적적으로 포도주를 만드시며 사용하신 것은 지천에 널려 있는 물이었다. 재료가 중요한 것이 아니라 하나님의 손이 중요하다.

모세의 손에 40년이나 들려 있었던 오물 묻은 지팡이는 하나님이 찾아오셨을 때 능력이 되었다. 거장은 다른 사람이 소유하지 못한 값진 것을 소유한 그런 사람이 아니라 하나님 앞에 순종함으로써 서 있는 사람이다. 단지 양들을 이끌던 가치 없던 지팡이에 능력이 임함으로써 하나님은 모세에게 권위를 입히신다. 이제 그 지팡이로 이적을 베풀고 그 나무 막대기로 홍해를 가르게 될 것이다. 거장은 스스로 권위를 주장하는 사람이 아니라 하나님이 그와 함께하시므로 하나님이 임재하는 사람이다. 거장이 가진 것은 힘이 아니라 하나님 자신이다.

✳품에 넣었다 뺀 손

주먹을 쥐고 태어났던 모세는 마흔이 되자 편 손으로 세상을 움켜쥐려 했다. 하지만 그가 그 후 40년 동안 줄곧 움켜쥐고 살았던 것은 미디안의 제사장이었던 장인 이드로가 쥐어 주었던 마른 나무 막대기였다. 광야에서 40년을 살고 팔십 노인이 된 힘없는 모세의 손은 이제 힘이 넘치는 그전의 손이 아니었다. 하지만 이제 하나님은 팔십 노인의 손을 쓰시고자 그 손을 변화시켜 주셨다. 품에 넣었다 뺀 손은 한센병으로 하얗게 된 손이었고 다시 한번 넣었다 빼낸 손은 다시 깨끗해진 손이었다.

하나님은 이제 그 손을 사용하시어 이스라엘 백성을 치유할 것이다. 모세는 하나님의 권능에 의해 애굽에 심한 질병들을 전달할 것이고 또 그의 기도를 통해 그것들을 제거할 것이다. 비록 이스라엘 백성이 애굽에 있는 동안 죄에 오염되어 한센병과 같은 질병에 걸리겠지만 모세의 품속으로 끌어들여져 깨끗하게 치유받을 것이다. 거장은 자신의 손이 아닌 하나님의 손으로 하나님의 일을 하는 사람이다.

✴ 나는 본래 말에 능치 못한 자라

세상의 혀들은 대부분이 자신을 변호하는 일을 위해 사용된다. 그래서 말에 자신이 없는 사람은 다른 사람을 만나는 일에 긴장한다. 그것은 자신을 타인에게 표현하는 일에 불안을 느끼는 이유가 된다. 특히 시내산의 모세는 다른 사람과의 공식적인 만남을 오랜 세월 가지지 않았다. 그로 인해 사람을 만나는 일, 특히 이집트의 파라오를 만나는 것이 그에게 두려운 일이 된 것은 당연하다. 그래서 그는 하나님께 "보낼 만한 자를 보내소서!"라고 한다. 하지만 그가 바로 하나님께서 보낼 만한 사람이었다.

때때로 하나님은 사람이 자신을 위해 준비한 것을 쓸모없는 가치로 여기실 때가 있다. 그래서 그 사람이 그것을 다 비울 때까지는 그를 쓰지 않고 기다리신다. 그래서 이집트 최고의 가문과 명예를 토대로 쌓아 올린 학술로 말과 행사에 능했던(사도행전 7:22) 왕자였던 모세가 "나는 본래 말에 능치 못하고 입이 뻣뻣하며 혀가 둔한 자(출애굽기 4:10)"라고 고백하는 그 광야의 노인이 되고 나서야 여호와는 그를 쓰고자 하셨다.

1세기 이스라엘 최고의 지성이었으며 가말리엘의 제자였던 청년 사울은 다메섹 도상에서 그가 핍박했던 그리스도를 만나 회심했지만, 그가 바로 달려간 곳은 복잡한 도시의 일터가 아닌 아무도 없는 거친 광야였다. 그 아라비아 광야에서 보낸 그의 3년은 사람의 것은 지우고 하나님의 것으로 채워지는 가장 아름답고도 필요한 시간들이었다.

이렇듯 거장은 하나님을 만나 생각이 변한 사람들이다. 그래서 그때까지 자신들이 가장 귀하게 여겼던 모든 것을 배설물로 여기고 자신을 하나님의 것으로 채운 사람들이다. 자신 안의 배설물을 발견하지 못해 쏟아 내지 못한 사람은 거장의 길로 들어갈 수 없다. 성공했지만 여전히 배설물을 지고 있는 사람은 진정한 거장이 아닌 단지 포장지만 거장인 사람이다. 그래서 그들은 냄새를 풍긴다(창세기 34:30).

☀이드로가 그에게 평안히 가라

하나님께서 모세를 만나 그의 일꾼으로 삼기 전에는 그는 장인 이드로에게 속한 양치기였다. 그는 40년을 장인의 양을 돌보았지만 단지 이드로 소유 목장의 장기근속자에 불과한 일꾼이었다. 살인자가 되어 미디안 광야의 방랑자가 된 그를 이드로는 먹을 것과 살집 그리고 아내를 주는 대신 평생을 자신의 양을 위한 목자로 세워 놓았다.

세상의 모든 사람은 하나님께 속하기 전에는 그 누군가의 종이 될 수밖에 없다. 어떤 사람은 돈의 노예로, 어떤 사람은 권력의 앞잡이로, 또 더러는 스스로의 종이 된다. 누구든지 하나님을 만나 그분의 종이 됨으로써 이 세상에서 자유인이 되고 그분께 매임으로써 세상을 다스리는 자가 된다.

하나님 앞에서 사명을 받아 더 이상 이드로가 쥐여 준 목자의 막대기가 아닌 하나님의 능력을 가진 지팡이를 손에 든 모세를 이드로는 더 이상 붙들지 못한다. 그리고 보내어 주었다. "평안히 가라."라는 말과 함께(출애굽기 4:18).

세상은 더 이상 하나님의 사람들을 붙들지 못한다. 거장들은 하나님이 보내시는 사람들이다.

⁺피 남편

모세는 미디안 제사장의 딸 십보라를 아내로 맞아 함께 40년
을 살았지만 그는 행복한 가정의 남편도 아버지도 아니었던 것
같다. 그는 가정을 말씀으로 세우지 못했던 가정의 가장이었다.
그는 이방 땅에서 아들을 낳았지만 할례를 행하지 않았다. 그는
하나님이 그에게 귀한 아들을 주셨지만 감사는커녕 신세 한탄만
했다. '게르솜(내가 낯선 고장에 몸 붙여 사는 식객이 되었구나)!'이라
고 말이다.

사명을 받아 먼 길을 떠나는 모세에게 하나님은 그가 행치 아
니한 그분의 말씀에 순종하기를 요구하셨다. 아내의 반대로 인해
아들에게 할례를 베풀지 않을 수도 있었지만 하나님은 종의 가정
안에서 그분의 말씀에 순종하기를 원하셨다.

하나님의 길을 가는 사람은 어떤 사소한 일도 원수에게 책잡히
는 일을 해서는 안 된다. 그래서 하나님의 가정은 말씀에 순종하여
실천하는 현장이 되어야 하고 그 말씀으로 가족이 하나 되어야 한
다. 그 일을 위해서 모세의 가정은 피를 흘렸다(출애굽기 4:25). 피를
흘리는 일은 아픔이지만 하나님은 그의 종들이 사탄의 참소로부터
자유롭기를 원하셨고, 허점을 뚫고 공격해 들어오는 원수의 공격
으로부터 더 많은 피를 흘리는 일을 막고자 하셨다.

바울이 유대인 어머니와 헬라인 아버지 사이에서 태어난 디모

데에게 할례를 받게 했던 것은 하나님의 사람들이 사소한 싸움에 휘말리므로 사탄을 기쁘게 하는 일을 방지하기 위해서였다(사도행전 16:3). 싸움은 사람을 나뉘게 하고 하려는 일에서 힘을 빼는 주범이다. 거장은 세상을 호령하되 어떠한 경우에도 싸움에 말려들지 않는 사람이다.

*마흔의 꿈을 여든에 시작하다

모세의 시대에 그와 함께 광야의 길을 걸었던 사람들은 보통은 70년을 살았고 80세에 삶을 마쳤다(시편 90:10). 어느덧 모세는 삶의 끝자락에 서서 황혼을 바라보는 노인이 되었다. 그가 큰 꿈을 꾸었던 때는 까마득한 40년 전의 일이다. 그때 그는 힘이 있었고 명예가 있었으며 세상의 중심에 있었다. 하지만 그것은 모두 과거의 일이 되었다.

떨기나무 앞에서 하나님을 만난 모세가 하나님의 부름에 그토록 망설였던 이유는 그가 이미 여든의 노인이었기 때문이다. 그것은 마치 친구의 장례식에 참석한 팔십 노인을 이웃 나라와의 전쟁을 위한 장수로 임명하는 것과 별반 다르지 않다.

하지만 이 땅의 조물주이신 하나님은 그러한 일을 종종 시도하신다. 그분 마음에 드는 사람을 발견만 하신다면 말이다. 하나님은 99세의 노인 아브라함에게 아들을 주겠다고 약속하시고, 늙어 죽어가는 제사장 사가랴의 아내 엘리사벳에게 아들을 주셨다. 이처럼 하나님은 불가능의 꼭대기에서 당신의 사람을 부르시고, 순종하는 그들을 통해 이 땅의 상식을 넘는 기적을 행하신다. 광야에서 허비한 40년을 하루도 빼지 않고 보상하시어 모세로 하여금 120살까지 열정적인 삶을 살게 하신 것이나, 광야의 수백만의 사람들을 먹이시고 그들이 입은 옷이 해지지 않게 하신 것도 다 위대한 조물주이신 하나님이 하신 일이다.

때와 기한을 정하는 것은 여호와의 일이지만 그 때와 기한 속으로 들어가는 일은 사람이 할 일이다. 40년의 방황 끝에 하나님이 아니면 아무런 소망이 없던 광야의 모세, 그가 바로 하나님이 쓸 수 있는 사람이었다.

✳광야의 사람,
  하나님의 사람

광야를 지나지 않았던 거장이 있었던가? 광야의 절망을 몰랐던 거장이 있었던가?

모세는 그가 살았던 광야에서의 40년 세월 끝에 만난 하나님과 그의 명령을 받들어 40년을 하나님의 종으로서 충성스럽게 살았다(민수기 12:7). 그는 하나님과 대면하여 대화하고 여호와의 형상을 본 이 땅의 유일한 하나님의 사람으로 살았다(민수기 12:8). 그리고 그는 하나님을 닮아 이 세상에서의 그 누구도 흉내 낼 수 없는, 지면에서 가장 온유한 사람으로 살았다(민수기 12:3).

거장은 이 땅에서 강한 사람이 아니다. 강하신 하나님 안에서 온유한 그분의 종이 되어 그를 통해 하나님의 강함을 드러낸다. 모세! 그는 진정 이 시대에도 여전히 빛나는 그리운 영웅이다.

제3부

거장으로 가는 길
거장의 학교에서 배우는 일곱 과목

1장
헌신과 하나님의 것
-부모의 아이는 헌신을 통해 하나님의 아이가 된다

사무엘은 제사장이었고, 선지자였고, 사사였다. 그는 기름 부음받은 성직자였다. 성직자는 하나님께 바쳐진 사람들이다. 바쳐지지 않은 사람은 하나님의 사람이 아니다. 헌신은 소유권의 이전이다.

☀주인이 누구인가

언제 어디서든 자신이 삶의 주인인 사람을 하나님이 쓰신 적은 단 한 번도 없었다. 그분께 헌신한 사람을 쓰시되 그 헌신이 빛바래면 하나님은 여지없이 그를 버리시고 다른 사람을 찾으셨다. 그것은 성미가 까다롭고 권태를 잘 느끼는 분이라서가 아니라 그분의 거룩하심 때문이다. 그것은 그분도 어쩔 수가 없다.

그래서 거장들의 학교는 입학생은 많되 졸업생이 적다. 이스라엘의 초대 왕이었던 사울은 이 학교의 중퇴생이고 같은 이름을 가졌던 신약의 바울은 늦게 입학했지만 월계관을 수여받은 졸업생이다.

☀거장들의 학교,
입학 자격은 '헌신'이다

한나는 있지도 않은 아이를 바치겠다고 약속하여 불가능을 뚫었다. 그리고 마침내 태어난 아이를 젖을 떼자마자 하나님께 바침으로써 그 아이의 길을 열었다. 사무엘의 아버지인 엘가나는 레위 가문의 남자였지만 제사장의 직무가 없었다. 하지만 그의 아내가 바친 아이 사무엘은 이스라엘의 최고의 지도자가 되었다.

아버지의 순종으로 바친 아브라함의 아들 이삭은 바쳐짐으로 인해 다시 살았고 그는 성경에 기록된 사람들 가운데서 최고의 수확을 거둔 축복받은 농사꾼으로 기록되었다(창 26:12).

✳️예수님의 어머니

바칠 것을 약속하는 것으로 거장의 삶이 시작되는 것이 아니라 헌신한 바로 그 시간부터 거장은 자란다. "주의 계집종이 오니 말씀대로 내게 이루어지이다(누가복음 1:38)."라고 고백했던 순간, 마리아의 태엔 하나님의 아들이 자리를 잡았다. 정혼을 하고 결혼 날짜를 기다리던 유대의 처녀 마리아가 자신의 몸을 빌려 드리기를 거절했다면 그리스도의 어머니가 될 수 있었을까? 왜 하나님은 마리아를 이 땅에서 메시아의 어머니로 사용하기로 정하셨을까?

하나님은 천사장 가브리엘을 마리아에게 보내기도 전에 그녀가 자신의 몸을 하나님의 나라를 위해 헌신할 것을 아셨다. 그녀는 이미 그녀 자신을 헌신함으로써 거룩한 삶을 실천하고 있었던 것이다.

✴️지금이 그때다

이 시간, 이 시대의 거장을 꿈꾸는 당신은 무릎 꿇어 기도함으로써 하나님께 헌신할 수 있다. "나 자신을 당신의 나라를 위해 바칩니다. 나를 받아 주소서."라고 기도함으로써 당신을 드릴 수 있다.

이것이 당신의 기도가 되었다면 이제 당신은 하나님의 소유로 이 땅을 살아야 한다. 당신의 모든 권리는 하나님께 이전되었다. 당신의 헌신이 사실이라면 당신과 관계된 모든 것은 이제 하나님이 걱정하신다. 이 얼마나 복되고 안심되는 일인가.

이 시간 당신은 당신의 자녀를 하나님의 나라를 위해 바치기로 작정하는가? 그렇다면 사무엘의 어머니처럼, 모세의 어머니처럼 하나님을 신뢰하고 당신의 자녀를 그분께 올려 드리라. 사무엘의 어머니 한나는 그 땅이 거짓 선지자가 춤추는 곳이었고 그들로 인해 많은 사람이 농락당했지만 아이를 받으실 하나님을 신뢰했다. 모세의 어머니 요게벳은 사람들이 파라오의 명령이 두려워 자신들이 낳은 사내아이를 죽음의 강으로 내다 버리는 땅에서 살았지만 자신이 믿는 하나님을 신뢰하고 아들을 숨겼다.

"이제 당신의 아이를 당신께 드립니다. 당신의 선하신 뜻을 위해 이 아이를 사용하소서."라고 기도드림으로써 당신의 아이를 그분께 드릴 수 있다. 당신이 거장의 어머니가 되기를 소원한다면 이제 그 아이는 당신의 아이가 아님을 고백해야 한다. 요게벳이 나일강에 띄웠던 아들을 물에서 건져 올린 바로의 공주에게서 다시 받아 젖을 물렸던 것처럼 하나님께 바친 아이를 다시 하나님께 건네받은 당신은 그 아이를 하나님의 말씀으로 양육하며 하나님이 기뻐하시는 방법으로 양육해야 한다.

이제 당신이 바친 하나님의 아이로 인해 당신은 하나님으로부터 필요한 것들을 공급받는 축복을 누리게 될 것이며 그 아이로 인해 당신은 아이의 아버지인 하나님의 보호를 받게 될 것이다.

물론 당신은 그 아이를 당신의 아이로 고집하여 그분께 바치지 않을 수도 있다. 그것은 전적으로 당신의 자유다. 하지만 그렇다면 당신은 그 아이에 관한 모든 것은 당신 손으로 해결해야 한다. 그리고 그 아이에게 일어나는 모든 것은 당신의 책임이다. 그것은 당신의 자유다.

나는 하나님께서 나에게 주신 아이들 모두를 하나님께 드렸다. 그 여덟 명 아이들의 아버지는 하나님 아버지시다. 그래서 나는 참 행복하다. 날마다 하나님의 아이들과 함께 살아가기 때문이다. 그 아이들 때문에 하나님은 나에게 은총을 베풀어 주시고 필요한 모든 것을 공급해 주신다. 산다는 것은 참 신나는 일이다.

앞에서 이야기했듯이 우리 집에 두 번째로 온 아이, 다윗은 5년 7개월이라는 이 땅에서의 삶을 끝내고 아버지의 나라로 옮겨

갔다. 그 아이가 떠났던 3년 후 바로 그날, 우리 집엔 또 한 명의 사내아이가 하늘로부터 도착했다. 우린 그때 아프리카에서 사역하고 있었는데, 우리 가족 모두는 그 땅에서 하나님이 주신 그 아이를 하나님께 바치는 '헌아식'을 했다. 그리고 우린 그 아이의 이름을 다시 다윗이라 했다.

사람의 행위 가운데 가장 강력한 행동은 '헌신'이다. 헌신을 작정한 사람은 아무도 말리지 못한다. 그래서 테러 중에서도 가장 막기 어려운 것이 몸을 던지는 자살 테러이다.

헌신한 부모가 자녀를 변화시킨다. 헌신한 어머니의 삶이 아이가 다닐 큰 학교이며 헌신한 아버지의 삶이 아이가 즐겨 읽을 교과서고 따라 읽을 책이다.

*너는
하나님의 아이야

당신은 아침마다 하나님의 아이들에게 이렇게 말해야 한다.
"너는 소중한 하나님의 아이다!"
나는 딸아이 아나스타시아가 두세 살 때 간혹 그녀에게 물었다.
"넌 누구 딸이야?"
"난 하나님의 딸이고 예수님의 딸이야."

언제 물어도 어김없이 그녀는 정답을 말했다.

장남 필립이 열한 살이 되던 때, 우리 가족은 시베리아의 한 도시 이르쿠츠크에서 선교사로 살고 있었다. 바이칼 호수로부터 흘러나온 앙가라강이 평화롭게 그 도시를 돌아 흘렀다. 그날 나는 그 아름다운 강변을 필립과 함께 산책하고 있었다.

"필립! 넌 왜 선교사가 되려고 하지? 아빠가 언제 너에게 그 길을 강요한 적이 있었니?"

"아뇨. 그런 적 없어요. 아빠가 저더러 선교사가 되라고 한 적은 없어요."

"넌 축구를 좋아하잖아, 왜 축구 선수가 되려고는 안 하지?"

"물론 저는 축구하는 것을 좋아해요. 하지만 축구 선수가 되는 것은 제게 가장 귀한 일은 아니에요. 전 이 땅에서 하나님 나라를 위해 가장 소중한 일을 하고 싶어요. 그것이 저에게는 선교사가 되는 일이에요."

필립은 항상 유대인을 위한 이스라엘 선교사가 되고 싶어 했다. 그가 믿기로는 이스라엘이 주님께로 돌아오면 그리스도께서 다시 이 땅에 오시기 때문이다. 그에게는 그가 기록해 놓은, 가장 소중히 간직하는 노트가 있다. 거기엔 중동 모든 나라의 정보와 기도 제목이 빽빽이 적혀 있다. 그는 날마다 그 노트를 보며 그 땅을 위해 기도한다. 때때로 중동에 테러로 인해 사상자가 발생하는 날이면 그는 울면서 그 땅을 위해 기도한다. 중학교 3학년 나이인 그는 검정고시로 이미 고등학교 졸업 과정을 마쳤고 지금은 대학 입시를 준비하고 있다. 이스라엘로 떠날 그날을 기다리며. 거장은 일찍 선택되어 오래 준비하는 사람들이다.

✦하지만 헌신은 때로
위협을 받는다

사탄은 우리가 원래부터 하나님의 것인 줄을 알고 있지만 그러한 사실을 깨닫지 못하도록 전략적인 방법을 동원하여 사람들을 미혹한다. 그런데 그 방법은 처음부터 상당한 실효를 거두었다. 그래서 대부분의 사람은 자신의 주인이 자신 외의 어떤 존재라는 사실과 자신을 누군가에게 헌신해야 한다는 사실을 받아들이기 버거워한다. 그리고 사탄은 하나님께 자신을 헌신한 사람일지라도 그 헌신을 빛바래게 하기 위해 큰 힘을 쏟는다.

✦초대 교회를 흔든 비극의 주인공,
아나니아와 삽비라

그들 부부는 자신의 것을 자발적으로 하나님께 바치면서도 사탄의 미혹을 받아 세 시간의 간격을 두고 세상을 떠났다. 그들이 그렇게 헌신하게 된 것은 앞서 자신의 밭을 팔아 교회 앞에 드렸던 바나바의 헌신이 있었기 때문이다. 앞선 사람들의 헌신은 때로 회중을 헌신으로 이끌지만, 그 헌신을 온전히 이루는 사람은 헌신을 결심한 그 자신이 아닌 누구도 아니다.

땅값의 일부를 감추고 나머지를 가지고 나온 아나니아를 향해 베드로는 "어찌하여 사탄이 네 마음에 가득하여 네가 성령을 속이고 땅값 얼마를 감추었느냐(사도행전 5:3)?"라고 책망했다. 땅값 얼마를 감춘 것이나 성령을 속인 것보다도 더 큰 아나니아의 근본적인 죄는 그의 마음에 사탄이 가득하도록 자신을 방치한 것이다. 성령의 감동을 입음으로써 헌신을 결심했지만 그러한 헌신자들을 찾아 미혹하는 사탄의 궤계를 이겨내지 못한 잘못이 그에게 있었다.

성령의 감동하심으로 인해 자신을 하나님께 드리고 헌신하기로 한 사람들은 그 헌신이 온전히 이루어질 때까지 그 성령님과 더불어 교제함으로써 그분과 함께 길을 가야 한다. 거룩한 영이신 성령님과 함께하는 사람은 거룩한 사람이 되어 그 길을 달리게 된다.

2장
거룩함과 능력
-세상이 넘어뜨리지 못하는 유일한 사람은
거룩함으로 옷 입은 사람이다

사람이 실패하는 이유는 능력이 없어서가 아니라 죄 때문이다. 성공하지 않은 사람은 실패를 모른다. 크게 성공한 사람이 크게 실패한다. 성공하는 일은 어려운 일이지만 그 자리를 지키는 것은 더 어려운 일이다.

거짓말을 하며 사는 일은 복잡하고도 어려운 일이지만 진실만을 이야기하며 사는 일은 간단하고도 쉬운 일이다. 죄 가운데 거하는 삶은 힘들고도 고생스럽고 피곤하지만 거룩한 생활은 간단하고 쉽고 건강하다.

어린아이 때부터 바른 삶을 살았던 사무엘은 그의 삶이 마치는 날까지 흐트러지지 않는 사사의 삶을 살았다. 그리고 이스라엘의 가장 지혜로웠던 왕은 말했다.

> "마땅히 행할 길을 아이에게 가르치라 그리하면 늙어도 그것을 떠나지 아니하리라(잠언 22:6)."

거룩은 마치 옷과 같다. 한 올 한 올 잘 짜인 옷감이 아름다운 옷이 되듯, 어린 시절부터 잘 양육된 아이는 어른이 되어서도 그 길을 떠나지 않는다. 물고기가 바다에서 살아도 짠물이 그 몸속에 들어가는 것을 허용치 않는 것처럼, 거룩한 사람들은 세상에서 살지만 세상에 물들지 않는다.

✴거룩은 구별이다

구별되지 않은 채 거룩한 삶을 사는 것은 불가능한 일이다. 시편 1장에서 말하는 '복 있는 자'는 악인의 꾀를 좇지 않고 죄인의 길에 서지 아니하며 오만한 자의 자리에 앉지 않는다고 묘사한다. 언뜻 보면 복 있는 사람은 비겁하고 소극적인 사람들로 여겨진다.

하지만 그것은 전능자의 말씀이다. 그들은 세상에 대해서는 담을 쌓은 사람이지만 하나님을 향해서는 열린 문을 가진 사람들이다. 그들은 여호와의 율법을 즐거워하여 그 율법을 밤낮으로 묵상하는 자들이다.

그래서 시냇가에 심어진 나무처럼 철따라 열매를 맺고 그 잎사귀는 항상 싱싱하여 그들의 하는 일은 늘 형통하다. 구별 전의 거룩은 힘이 들지만 구별된 후의 거룩은 오히려 안연하다.

요단강의 물고기가 하류로 내려가면 죽음의 바다(사해)에 이르지만, 애써 상류로 거슬러 올라가기만 하면 거기엔 생명의 바다, 갈릴리가 있다.

넌 특별한 아이야

나는 나와 함께 살아가는, 하나님이 보내 주신 나의 아이들을 항상 특별한 아이들로 대우했다. 항상 내가 할 수 있는 최선과 최고의 것들을 그들에게 제공했다. 가급적이면 내 손으로 밥을 해 먹이고 몸에 좋은 음식만 먹게 했다. 우리 아이들이 과자나 탄산음료를 먹지 않는 것은 바로 그들이 구별된 특별한 아이들인 것을 스스로 인식했기 때문이다. 하나님의 나라를 위해서 구별된 사람들은 하나님이 주신 몸을 잘 관리해야 한다. 몸과 마음이 건강해야 하나님을 기쁘게 할 수 있다는 것을 나는 그들에게 가르쳤다.

아이들이 갖고 싶은 것이 있어 나에게 요청할 때도 나는 곧 바로 사 주지 않는다. 그럴 때 우리 사이에는 이러한 대화가 오간다. 얼마 전, 동물을 너무나도 사랑하는 4년 6개월 된 아이 다윗이 나에게 말했다.

"아빠 거북이 사 주세요. 나 거북이 키우고 싶어요."

"그래? 그럼 하나님께 기도해야지. 하나님이 아빠에게 거북이를 사라고 말씀하시면 아빠가 널 위해 사 줄 거야. 그러니 먼저 하나님께 기도하거라."

때로는 나에게 아이들이 요청하는 것을 사 줄 만한 돈이 없을 때도 있다. 하지만 일단 우리는 기도를 시작하여 그분께 그 사실을 알린다. 그날도 다윗과 나는 그와 나의 아버지이신 하나님께 기도했다. 매일 아침에 일어나면 다윗은 같은 말을 반복한다.

"아빠! 거북이 사 주세요."

그럴 때마다 나는 그의 손을 붙잡고 함께 기도한다. 얼마 후면 어김없이 하나님은 자신의 아이들을 위해 나에게 그것들을 사 줄 마음과 돈을 주신다. 이번에는 다윗의 거북이를 위해 모스크바에서 돈이 왔다. 우리가 산 거북이는 18,000원 하는 것이었는데,

그보다는 훨씬 많은 돈을 다윗의 가난한 러시아 외할머니께서 보내 주셨다. 그것은 처음 있는 일이었다. 그럴 때마다 내가 아이들에게 하는 말이 있다.

"너희들은 하나님이 구별해 놓은 특별한 아이들이야!"

부모에게 특별하지 않은 자녀가 없듯이 하나님께 특별하지 않은 아이가 어디에 있을까? 특별하다는 의미는 세상과 구별되었다는 것이고 그런 아이들은 거룩한 아이로 자라야 한다.

✴거룩한 아이들

나는 언젠가 필립과 다니엘과 함께 이야기를 나눈 적이 있다.

"얘들아! 너희들이 살아야 할 삶 가운데서 가장 중요한 것은 '거룩'이란다."

다니엘이 물었다.

"아빠 왜 그것이 꼭 거룩한 삶이라고 생각하세요?"

"그건 말이야, 하나님이 기뻐하시는 삶이기 때문이야. 하나님이 거룩하시기 때문에 그의 자녀들은 마땅히 그렇게 살아야 하는 거야."

"훌륭하게 사는 것과 거룩하게 사는 것은 어떻게 다른가요?"

"거룩하게 사는 것이 곧 훌륭하게 사는 것이란다. 성공하는 것보다도, 유명해지는 것보다도 거룩하게 사는 것이 더 훌륭한 삶이란다."

필립이가 물었다.

"성공한 사람들과 유명한 사람들 중에도 거룩하지 않은 사람이 있나요?"

"물론이지, 그래서 사람들은 끝까지 성공하지 못하고 도중에 부끄러운 일을 당하기도 한단다. 그렇기 때문에 성공하는 삶보다도 거룩한 삶을 살아가는 일이 훨씬 어려운 거란다."

"그러면 어떻게 그렇게도 어려운 거룩한 삶을 살아갈 수 있나요?"

다니엘이 참지 못하고 물었다.

"그건 말이야, 하나님의 말씀을 순종하며 사는 거란다. 너희들이 읽고 외우고 묵상한 말씀을 따라가며 사는 거란다. 예를 들어 성경 말씀이 '이렇게 하라.'라고 하면 그렇게 하고 '이것은 하지 마라.'라고 하면 그것은 하지 않으면 된단다."

"어쩌면 그것은 참 쉬운 일이군요."

"그렇단다. 성경 말씀을 살아 계신 하나님께서 우리에게 주신 말씀이라고 분명히 믿으면 갈등이 없어진단다. 누가 하나님의 말씀을 감히 듣지 않을 수가 있겠니? 그래서 예수님은 이렇게 말씀하셨단다. '나의 계명을 가지고 지키는 자라야 나를 사랑하는 자니 나를 사랑하는 자는 내 아버지께 사랑을 받을 것이요 나도 그를 사랑하여 그에게 나를 나타내리라(요한 14:21).'"

그날 우리 세 남자는 서로를 보며 약속했다. 평생을 거룩한 사람으로 살되 하나님의 말씀을 지킴으로써 그분과 동행하는 삶을 살 것을.

> "그가 내게 이르기를 보라 네가 잉태하여 아들을 낳으리니
>
> 포도주와 독주를 마시지 말며 무릇 부정한 것을 먹지 말라
>
> 이 아이는 태에서 나옴으로부터 죽을 날까지 하나님께 바치
>
> 운 나실인이 됨이라 하더이다(사사기 13:7)."

아침에 일어나면 부모들은 자녀의 거룩한 삶을 위해 기도해야 하고 잠자리에 들 때면 자녀의 성결을 위해 무릎을 꿇어야 한다. 그것은 아침에 아이들의 옷매무새를 고쳐 주고서야 집밖으로 나가기를 허락하고 저녁엔 아이들의 몸을 깨끗이 씻겨서 잠자리에 들게 하는 것과 같은 이치다. 아침에 집을 나선 아이들이 저녁에 집으로 돌아오기까지 얼마나 많은 사람을 만나며 얼마나 많은 세상을 접하게 되는가?

욥이라는 이름의 거장은 자신의 가정에서 제사장으로 산 사람이었다. 그는 아들들이 자신의 생일을 맞아 형제자매를 초대해 잔치를 베푼 다음 날이면 어김없이 자녀들을 불러다가 성결 의식을 치렀다. 아들 일곱과 딸 셋의 아버지였던 욥은 자녀들의 명수

대로 그렇게 번제를 드렸다. 혹시 그 자녀들이 죄를 범하여 하나님을 배반하였을까 걱정하는 경건한 아버지라서 그랬다(욥기 1:5).

거룩은 타고나는 것이 아니라 만들어지는 것이다. 거룩한 사람은 세상을 탓하지 않고 항상 자신을 탓한다. 그래서 그들은 애써 하나님께 붙어 있는 자다. 그들이 거룩한 하나님의 사람들이다 (요한복음 15:1-6).

하나님은 당신을 거룩한 사람으로 불렀고 거룩한 그 가정의 제사장으로 불렀다. 엘리 제사장은 불행한 삶을 살았지만 우리에겐 더없는 큰 교훈을 주는 분이다.

3장

기도와 사랑
-사랑이 있어 우린 그분께 기도드린다

어머니의 기도는 자식의 자갈밭을 옥토로 변화시킨다. 아이들은 기도하는 부모를 보며 영적인 안정감을 갖고 삶을 배운다. 기도를 통해 하나님의 사람들은 그분에 대한 믿음을 굳게 한다. 또한, 하나님의 사람들은 그 믿음을 붙들고 기도의 사람이 된다.

✴그들은
두려움에 기도한다

몇 년 전 선교 여행 중에 아랍에미리트의 도시인 두바이를 간적이 있다. 시내를 산책하다 한 백화점을 들렀는데 그곳에 기도실을 표시한 팻말이 있어 가보았다. 남자와 여자의 기도소가 구별되어 있었고 그 기도소의 입구에는 사워실이 있었다. 그들은 정성스레 몸을 닦고 기도실로 들어가 기도에 열중했다.

왜 그렇게 정성스레 열심히 기도하는지를 묻는 나에게 그들은 기도를 마치고 나온 후 대답했다. 그들은 정해진 다섯 번의 시간에 그들의 신체 다섯 군데(두 팔꿈치와 두 무릎 그리고 이마)를 땅에 닿게 하여 기도하는 것은 알라를 두려워하기 때문이라고 했다. 그들의 알라는 심판의 신이기 때문에 기도하지 않을 수 없다고 그들은 대답했다.

그들의 사랑은 두려움에서 시작되었다. 그래서 회교도들의 순교는 조직적이며 그 결과에 따라 이 땅이나 저 하늘에서 그만한 대우가 보장된다고 믿는 용기 있는 행동이다. 그렇기에 그들의 공동체는 안으로는 결연하며 밖으로는 공포를 준다. 날이 갈수록 그들의 숫자는 증가하지만 그들로 인해 이 세상은 구원받지 못한다.

그들은 돈을 벌려고 기도한다

오래전 내가 한국에서 만났던 한 여성은 무당 일에 종사하는 꽤 유명하고 유능한 무속인이었다. 그녀는 굿을 하여 사람들에게 붙어 있는 질병이나 귀신을 몰아내고 사람들에게 임할 재난이나 일들을 미리 예언함으로써 도움을 주는 사람이었다. 그녀는 자신이 과거에 죽을병에 걸렸을 때 신을 만나는 경험을 통해 병이 치유되었고 그러한 능력이 그녀에게도 임해 그 일을 하고 있다고 간증했다.

선교 훈련 중 하나인 전도 여행을 하면서 만났던 천태종의 한 스님도 앞에서 말한 여성과 비슷한 경험에 대해 이야기했다. 그도 몹쓸 병에 걸려 죽음을 기다리고 있었을 때 꿈속에서 어떤 신령한 사람을 만나는 경험을 통해 그의 병이 나음을 받았고 그에게도 남을 치유하고 앞날을 예언하는 능력이 임했다고 했다. 그도 내가 그를 만난 지역에서 꽤 유명했고 재력을 소유한 사람이었다. 그를 만난 그날, 나는 그와 함께 그의 절에서 밤을 보내게 되었는데 그는 새벽 네 시에 일어나 목욕을 하고 예불을 드렸다.

나는 이 두 사람과 오랫동안을 대화하는 시간을 가졌는데, 앞의 여인은 이제 돈도 제법 벌어서 빌딩 몇 채를 소유하고 있었다. 자식을 보아서라도 이제 일을 그만두고 싶지만 그로 인해 신이 자신을 해코지할까 봐 두려워서 그만둘 수 없다고 토로했다. 그리고 그는 신 중에 가장 큰 신은 예수 신이라는 것을 나에게 거듭 강조했다.

두 번째로 말한 그 스님은 수많은 사람을 자신의 기도로 치유했지만 자신의 무릎에 있는 고질적인 류머티즘의 치유를 위해 나에게 기도해 주기를 요청했다. 그들은 자신의 목적을 위해 그들의 신을 따랐고 또 그들의 필요에 따라서는 언제든지 그 신을 버릴 준비가 되어 있었다.

필요 없는 말이 될지도 모르지만, 앞의 여인은 나를 만난 그날 다음번 우리나라 대통령에 아무개가 선출될 것이라고 예언했지만 그녀의 예언은 그 다음 해에 빗나간 것임이 드러났다. 두 번째 만났던 스님은 그날 나와 함께 동행했던 임신 9개월이었던 나의 아내의 배 속에 남자아이가 들어 있다고 예언했지만 보름 후의 아내는 딸아이를 출산했다.

☀그들은 이유가 있어 기도한다

세상 신을 따르는 사람들은 그들의 요구를 관철시키기 위해 기도한다. 그런데 기도는 나보다 힘이 강한 대상에게 하는 특별한 부탁이 아니라 그것은 사랑하는 하나님과의 대화이며 특별한 관계에서 오는 삶의 특권이다. 기도를 통해 우리는 소원을 하나님께 아뢸 수 있지만 그것은 기도를 설명하기에 적절한 말은 아니다. 그것은 마치 어린아이가 아빠에게 장난감을 사 달라고 말할 수 있지만 그 외에도 아이와 아빠가 나눌 수 있는 대화는 무궁무진한 것과 같다.

✦기도는 사랑의 노래이고
   감동의 속삭임이다

부모는 아이로 하여금 기도해야 한다는 의무를 부과해서는 안 된다. '기도하지 않으면 벌을 받는다.'라든지 '기도하지 않는 아이를 하나님은 사랑하시지 않는다.'라는 식의 가르침은 기도를 가르치는 가장 좋지 않은 방법 중의 하나다.

부모들은 생활 가운데서 기도를 누리도록 삶으로 본을 보여야 한다. 기도는 하나님과 함께 걷는 행복한 길이며 희열의 정원에서 성령님과 함께 부르는 노래이다. 기도를 통해 우리는 그리스도 이름의 위대함을 알게 되며 그 기도는 우리로 하여금 하나님의 큰 가족 안으로 이끈다. 때로 세상은 거대한 괴물 같아 보이지만 기도하는 사람을 삼키기에 이 세상은 너무나도 작은 입을 가지고 있다. 굶주린 사자도 기도의 사람 다니엘과는 하룻밤 동안 친구가 되어 주었다(다니엘 6:22).

✦기도는 특별한 부르짖음이 아니라
   일상의 삶이다

기도가 한 사람의 삶이 될 때 그러한 삶은 그를 특별한 사람으로 만든다. 하루 중의 나의 삶에서 가장 중요한 일은 가족이 잠든 새벽 시간에 일어나 그 가족에 파묻혀(우리 가족은 모두 한방에서 잠을 잔다.) 기도하는 것이다. 그리고 그들이 일어나면 그들의 머리에 손을 얹고 기도한다. 나는 아이들의 아버지로 부름받은 사실에 너무나도 감사하고 행복하다. 나는 그 특권을 마음껏 사용하여 그들을 나의 기도에 머무르게 한다. 나와 함께 살아가는 아이들 역시 공부를 시작할 때나 다른 무슨 일을 시작할 때 먼저 기도를 한다. 그것은 마치 큰 경기를 앞둔 야구 선수가 경기 전엔 면도를 하지 않는 징크스와는 다른 이야기다. 기도는 불운을 면하기 위해서 물을 떠놓는 성황당의 돌계단이 아니다. 기도는 정해진 양을 채우기 위해 시계를 보며 저런 발을 폈다 오므렸다 하는 그런 중언부언의 놀이도 아니다.

우리가 모든 일에 기도해야 하는 것은 그분이 우리의 전부이시며 사랑이시기 때문이다. 건강한 가정의 부부가 매일의 대화를 통해 사랑을 나누듯이 우리는 그분을 사랑하므로 날마다 찾아가 그분의 발아래에서 행복을 느낀다. 쉬지 않는 기도는 의무에 매여 슬픈 눈으로 웃는 그런 광대의 놀이가 아닌 그의 사랑에 붙잡힌 자유인의 무릎의 고백이다. 그 사랑의 호흡을 통해 우리는 우리를 향한 그분의 뜻을 알고 행하게 된다(데살로니가전서 5:16-18). 그러한 사랑을 깨달은 부모로부터 기도를 배운 아이는 세상이 두렵지 않은 아이다. 기도를 상속받은 아이는 세상을 상속받은 아이다.

나는 나의 사무실에서 이 글을 쓰다 말고 집으로 전화를 걸었다. 갑자기 아이들이 보고 싶어졌기 때문이다. 엄마에게 수화기를 건네받은 아들 다윗이 아빠인 것을 확인하자마자 "아빠! 사랑해."라고 속삭였다. 나는 진한 행복감에 젖어 나의 아버지를 생각했다. 그래서 그분께 말씀드렸다.

"아버지 하나님! 사랑해요."

이 얼마나 행복한 삶이며 희열인가? 언제 불러도 들으시는 그분이 내게 있음이…….

아이들로 하여금 아버지를 부르는 기쁨을 만끽하도록 하는 일이 바로 기도를 가르치는 일이다. 아침에 일어나는 아이의 손을 붙잡고 기도하기 전에 부모는 그 머리맡에 앉아 아이의 하루를 기도로 열어야 한다. 잠에서 눈뜬 아이가 어머니의 기도하는 모습을 보며 어머니가 잡아 주는 손으로 함께 기도한다면 그 아이는 얼마나 행복한 아이일까. 사소한 일에도 기도하는 아이로 자라난다면 그 아이는 또 얼마나 소중한 하나님의 아이가 될까.

꼴을 뜯는 양들은 숲에서 들려오는 바스락거리는 소리에도 눈을 들어 목자를 바라본다. 기도는 인간의 행동 중 가장 거룩한 일이다.

습관이 인격을 만들고 그 인격이 고귀한 삶을 이끌어 간다. 기도하는 습관이야말로 하늘의 축복을 이 땅으로 옮기는, 불가능을 모르는 아이들에게 위대한 하나님이 주신 자산이다.

4장
순종과 하나님의 말씀
-말 잘 듣는 아이보다
하나님의 말씀을 준행하는 아이로

성경을 읽고 말씀을 듣는 이유는 순종하기 위해서이다. 영적인 독서와 설교를 듣는 일이 단지 지식을 얻고 은혜를 받기 위한 것이라면 그것은 슬픈 일이다. 그것 때문에 교회는 말쟁이들의 모임터가 되고 교인들은 점점 똑똑해질 뿐 능력이 있는 사람은 되지 못한다.

말씀을
읽고 외우고 묵상하고 순종하라

왜 바쁜 세상을 살아가는 사람들에게 하나님은 그분의 말씀을 입에서 떠나지 않게 하고 그것을 주야로 묵상하며 그 가운데 기록된 말씀을 다 지키라 하셨을까? 그것은 기록된 대로 그들의 길을 평탄케 하고 그들을 형통케 하시기 위해서였다(여호수아 1:8).

하나님이 주신 아이들을 하나님의 아이로 양육하기로 헌신한 날로부터 나는 나와 함께 살아가는 하나님의 아이들에게 하나님의 말씀을 읽히고 가르쳤다. 나는 여호수아에게 하신 그분의 말씀을 믿고 받아들였다. 세상의 어떠한 공부나 책보다도 하나님의 말씀이 우선임을 우리 가족 모두 생활 가운데서 고백했다.

아이들 삶의 모든 부분이 그렇지만 그들은 쉽게 그 영적인 삶의 양식을 받아들이고 빨리 말씀을 섭취했다. 지난날의 나는 아이들의 영을 손상시킬 수 있다고 생각되는 것들은 아이들로 하여금 하지 못하도록 막으려고 애를 썼다. 컴퓨터 오락이나 전자게임 등은 대부분이 아이들을 조급하게 하고 폭력적인 성향을 부추기는 것들이다. 첫째와 둘째인 필립과 다니엘도 전에는 그런 전자오락에 빠져 숨어서 하던 때가 있었다. 하지만 그들이 성경을 읽고, 외우고, 묵상하면서부터 그런 습관들은 자연스럽게 없어졌다. 그리고 무엇보다도 그들의 삶이 안정되고 변화했다.

큰 아들 필립이 우리 가족과 가까이 지내는 한 권사님을 만나서 나누었던 이야기를 그분께 전해 들은 것은 그 무렵이었다. 그 전엔 동생들을 잘 때리고 괴롭혔는데 그의 마음에 하나님의 말씀이 쌓이고부터는 그럴 수가 없게 되었다는 이야기를 그분께 하더라는 것이었다.

우리 아이들이 로마서를 다 외웠다는 이야기를 전해 들었던 또 다른 분이신, 두 자녀의 어머니이자 의사인 분이 내게 말했다.

"목사님의 자녀들은 참 착한가 봅니다. 아빠가 로마서를 외우라고 한다고 그것을 다 외운 것을 보면⋯⋯. 만약 내가 우리 아이에게 그렇게 말했다면 그들은 나를 어떻게든 했을 것입니다."

우리 아이들이 다른 아이들보다 착하거나 머리가 좋아서가 아니다. 그들이 읽고 외웠던 말씀이 그들을 착하게 하고 지혜롭게 만들었다.

때로 사람들은 일의 원인과 결과에 있어 종종 그 순서를 혼동할 때가 있다. 우리 아이들이 착해서 아빠의 말씀을 듣고 성경을 읽고 외우고 묵상한 게 아니라 그 말씀을 먹고 마셨으므로 착해진 것이다. 억지로라도 좋은 음식이나 약을 챙겨 먹이면 아이들이 건강해지듯이, 처음엔 힘들어하더라도 성경을 읽고 외우게 하면 그들은 그 말씀의 능력으로 변하여 하나님의 아이로 자란다.

밥을 잘 안 먹는 아이들로 인해 어머니들은 식사 시간마다 곤혹을 치르기도 한다. 그래서 어떤 어머니들은 하는 수 없이 과자라도 먹여야 한다고 한다. 하지만 나의 생각은 다르다. 그 아이들이 어떤 식이든 군것질을 하기 때문에 밥을 먹지 않는 것이다. 과자로 먼저 채워진 몸이 밥을 잘 받아들이지 못하는 것은 당연하다.

나는 우리 아이들에게 과자, 탄산음료, 라면 등의 인스턴트 음식이 우리 몸에 끼치는 해와 독을 설명하고 그들의 동의를 구한 뒤 그것들을 결코 구입하거나 주지 않았다. 불과 하루 만에 그들은 밥 잘 먹는 사랑스러운 아이들로 변했고 얼마의 세월이 지나지 않아 건강한 아이들이 되었다. 특히 넷째 아이 다윗은 자주 배가 아픈 아이였다. 그래서 그 일로 인해 병원을 자주 찾았다. 때론 주일 아침 예배를 앞두고 그를 안고 응급실로 달려간 때도 있었다. 그런데 과자를 먹지 않고부터는 배가 아파서 병원에 간 적은 단 한 번도 없었다.

처음에 아이들에게 말씀을 읽고 외우기를 시킬 때 결과에 따라 상을 주기도 하고 벌을 내리기도 했다. 그들이 약속한 분량을 채우면 상으로 그들이 갖기를 원하는 작은 물건들을 사 주었고 그

분량을 채우지 못하면 성경의 말씀대로[7] 밥을 주지 않았고 그들의 아비이자 스승인 나도 밥을 먹지 않았다. 그들은 처음엔 자신들이 먹지 못함으로 인해 힘들어했지만, 후엔 그들로 인해 아빠가 먹지 못하는 것에 대해 고통스러워했다.

✦먹는 만큼
아이들은 자란다

자라나는 아이들에게 매일의 양식을 주어 균형 있는 영양분을 공급하는 일은 중요하다. 육체의 성장에는 때가 있다. 마찬가지로 아이들에게 일용할 영의 양식을 주어야 한다. 영의 성장에도 때가 있고 그것은 우리의 삶에 있어 가장 중요한 일이다.

육체를 위한 양식에도 정해진 시간과 일정한 양이 있듯 영의 양식을 섭취하는 일에도 그러한 규칙이 필요하다. 영의 삶에도 육체와 마찬가지로 먹고(읽고 외우고) 소화(묵상)하고 운동(순종)하는 과정이 필요하다. 먹기만 하고 소화를 시키지 못하면 소화 불량으로 인한 온갖 부작용이 생기듯 말씀을 읽기만 하고 묵상하지 않으면 영적인 삶에 성장이 없다. 또한, 먹고 소화시키되 운동

---

7) 데살로니가후서 3:10

을 하지 않으면 몸이 비대해지고 힘을 발휘할 수 없듯이 말씀을 읽고 묵상하되 순종하지 아니하면 깨닫기는 하되 행함이 없어 열매 없는 잎만 무성한 나무가 된다.

아이들로 하여금 매일 일정량의 성경을 읽게 하는 것은 밥을 먹이는 일만큼 중요하다. 부모와 같이 성경을 소리 내어 읽는 것도 좋은 일이다. 그것은 가족이 함께 둘러앉아 식사를 하는 것과 마찬가지로 행복한 영적인 삶이다. 가족 모두가 한 목소리로 성경 읽는 소리를 냄으로 인하여 그 가정은 하나님의 가족 안에 있게 되고 그 가정의 아이는 축복 속에 있게 된다. 아침이든 저녁이든 가능한 시간을 택하면 된다. 늦잠 때문에 자주 아침을 먹지 못하고 등교하는 아이가 건강이 나빠지는 것은 당연한 일이고 급한 공부나 시험 때문에 성경을 읽지 못하고 살아가는 아이의 장래가 암울해지는 것도 아주 당연한 일이다. 나는 아이들에게 성경을 읽히느라 시간이 없어 학교를 보내지 못했다. 그 일로 인해 나와 함께 있는 하나님의 아이들은 공식적인 최종 학력이 '초등학교 중퇴'가 되었지만 이를 후회해 본 적은 한 번도 없다. 성경을 읽고 자란 이 하나님의 아이들로 인해 나는 항상 행복했기 때문이다. 이 아이들은 단 한 번도 나의 짐이 되거나 근심거리가 된 적은 없었다. 학교를 보내지 않는 것이 해결책이 아니라 어쨌든 성경을 읽게 함으로써 하나님의 말씀을 먹여야 한다. 그래야 아이들은 하나님의 아이로 자란다.

가르치는 이는
부모가 아니다

가족이 둘러앉아 성경을 읽되 그 부모 중의 하나가 그 말씀을 가지고 설교를 하려고 해서는 안 된다. 성경 말씀은 하나님의 말씀이다. 그 놀라운 말씀을 자신의 생각으로 해석하려 해 그 높은 권위를 손상시켜서는 안 된다. 아이들은 하나님의 말씀이 아닌 부모의 잔소리로 인해 말 많은 아이로 변해 간다. 밥만 잘 먹어도 건강한 아이로 자라듯 하나님의 말씀만 읽어도 아이들은 영적인 사람으로 자란다. 그것은 유아의 경우도 마찬가지다. 잠들어 있든 깨어 있든 그 아이를 위해 성경을 읽어 주어야 한다. 아이는 하나님의 말씀을 듣고 하나님의 아이로 자란다. 태아의 경우도 마찬가지다.

유대교 공동체 안에 있는 유대인 부부가 병원에서 임신한 사실을 알고서 병원에서 나와 곧장 달려가는 곳은 회당이 아닌 서점이다. 그들은 구약 성경을 사서 그날부터 배 속에 있는 아이를 위해 성경을 읽어 준다. 그리고 그 아이가 태어나서 자신이 글을 읽을 수 있을 때까지 그 일을 계속한다. 그리고 나서는 그 아이에게 그 첫날에 산 성경 책을 물려주며 너는 엄마와 함께 성경을 여기까지 몇 번을 읽었었다고 말해 준다. 그것은 그 아이들에게 주는 첫 번째 유산이 되고 자신의 아이들을 하나님의 아이로 양육하는 첫 번째 교육이 된다. 그리고 그 어머니의 아들은 그때부터 물려받은 성경으로 자신이 하나님의 말씀을 읽어 간다.

그것이 바로 유대교 공동체의 힘이다. 그들은 말씀을 입에서 떠나지 않게 하고 주야로 그것을 묵상하며 기록된 말씀을 행한다. 그들을 말씀을 읽을 뿐만 아니라 목숨을 걸고 순종한다. 비록 그들은 예수를 그리스도로 믿지 않아 구원을 받지는 못하지만, 말씀을 순종하는 이들에게 약속된 이 땅에서의 축복은 그들의 것이 된다. 하지만 우리는 그리스도를 믿어 구원에 이르고 하나님의 말씀에 순종함으로써 축복의 사람들이 될 수 있다.

부모의 순종이 자녀의 순종을 낳는다

아이들은 아무에게나 순종하지는 않는다. 아이들은 학교 선생님의 말씀을 잘 듣기는 하지만 그것을 순종이라고 말할 수는 없다. 단지 그들은 교사의 지침을 따를 뿐이다. 시키는 일을 따라하는 것은 기계도 할 수 있다. 그래서 교사는 학생을 가르치지만 제자를 두기가 쉽지 않다. 그것이 공교육의 한계다.

스승과 제자 사이는 사랑과 믿음으로 엮여 있다. 그 믿음과 사랑은 진실에 기초한다. 진실 없이는 믿음이 생기지 않고 진실 없는 사랑은 언젠가는 무너진다. 그래서 자녀는 늘 함께 살아가는 부모를 따라하게 되어 있고 함께하는 삶이 자녀를 만든다.

아주 어린 나이에 어머니의 강요로 성전을 향해야 했던 어린 사무엘이 떠난 것은 그 아버지의 집만이 아니었다. 그가 두고 떠나기에 가장 힘들었던 것은 어머니의 따뜻한 가슴이었다. 태어난 후 한 번도 떠나지 않았던 어머니의 젖가슴을 두고 그는 어떻게 그 아비의 집을 떠날 수 있었을까?

어린아이 사무엘에게도 순종의 문제는 장난이 아니었다. 그 순종의 일은 종종 위협당했다. 사무엘이 머무는 실로의 성전에서 사무엘을 기쁘게 하는 것은 아무것도 없었다. 거기에는 자상한 스승도 없고 그와 함께 재미있게 놀아 주는 형들도 없었다. 대신 그곳에는 너무 늙어 버린 제사장이 있었고 어린 사무엘도 이해하고 받아들이기 힘든 타락한 젊은 제사장들이 있었다. 그리고 그곳에는 그들의 권위에 눌려 옴짝달싹 못 하는 하인들, 그들과 함께 불륜의 이불 속으로 들어가는 가련한 여인들이 있었다.

그 적절치 못한 환경 가운데 내버려진 어린 사무엘이 해마다 제사드리는 날에 성전으로 와서 에봇을 갈아입혀 주고 돌아가는 어머니를 따라 그가 태어난 아버지의 집으로 왜 돌아가고 싶지 않았을까.

하지만 사무엘은 어머니를 따라 라마의 집으로 돌아가지 않았다. 대신 그는 순종의 사람으로 굳어 갔다. 전적으로 무자(無子)했던 그의 어머니가 부르짖어 기도한 무릎이 아들을 순종의 사람으로 만들었다. 그리고 젖먹이를 안고 눈물 없이는 젖을 먹일 수 없었던 어머니의 고뇌와 하나님과의 약속을 지키기 위해 채 자라지도 않은 아이를 소문이 안 좋은 제사장들이 시무하는 성전에다 맡겨 놓고 돌아온 어머니의 믿음이 위대한 하나님의 사람 사무엘을 만들었다.

해마다 성전에 제사를 드리러 온 어머니를 성전 뜰에서 배웅하며 사무엘은 어머니뿐만이 아니라 하나님에게 순종했고 하나님뿐 아니라 스러져 가는 제사장들에게도 순종하며 순종의 사람으로써 시대 앞을 걸어갔다. 그 하나님의 사람을 하나님은 귀히 여기셨고 이스라엘 백성은 그 하나님의 사람에게 순종했다.

당신이 하나님의 나라를 위한 거장이 되기를 원한다면 그 나라의 주인께 순종해야 한다. 세상은 보스에게 순종하는 사람에게 순종한다. 당신이 하나님께 순종하여 그분의 말씀을 지킨다면 당신의 자녀도 당신의 그 모습에 유전될 것이다.

순종의 거장이었던 아브라함의 아들 이삭은 아버지께 순종하여 죽음의 자리까지 나아간 축복의 사람으로 자랐다. 하나님의 나라는 순종하는 사람들로 이루어진 위대한 나라다. 그리스도는 아버지 하나님을 순종하여 이 땅에 오셨고 성령님도 아버지를 순종하여 우리에게 오셨다.

지식을 얻기 위해 말씀을 읽는 사람은 지적인 사람이 되지만 순종을 위해 말씀을 묵상하는 사람은 거장이 된다. 설교를 준비하기 위해 성경을 뒤적이는 목사의 행동은 명백한 사기다. 순종할 마음이 없이는 하나님의 책을 펴서는 아니되고 자신이 실천하지 않는 말씀을 전해서도 안 된다.

아이들과 함께 말씀을 읽고, 외우고, 묵상하고 그 가운데 기록된 것을 함께 순종하라. 이 세상의 가장 쉽고 큰 신학은 바로 '그리스도를 믿음으로써 구원받고 하나님의 말씀을 순종함으로써 축복받는다.'라는 것이다. 당신의 자녀가 그 말씀을 믿을 때 구원받게 되고 그 말씀을 순종할 때 축복받게 될 것이다.

✻말씀대로 살기

아이들과 함께 읽고 외우고 묵상하여 깨닫게 된 말씀을 머리나 가슴에만 넣어 두면 안 된다. 그것을 삶에서 함께 실천해 나가야 한다. 그것을 하나님이 기뻐하시기 때문이다. 우린 그분을 기쁘게 하기 위하여 성경을 읽고, 외우고, 묵상하고, 순종한다.

우리 가족이 아프리카 케냐의 나이로비 외곽에 있는 한 작은 마을에서 선교사로 살아갈 때 둘째 아이 다니엘은 여덟 살 소년이었다. 그는 종종 자신이 쓰던 물건을 우리가 살던 집의 담 밖에 있는 아이들에게 던져 주곤 했다. 연필과 공책, 심지어는 하나밖에 없는 자신의 책가방도 던져 주었다. 물론 다니엘은 학교를 다니지 않았기 때문에 가방이 필요치 않았는지도 모르겠다. 자신의 물건들을 담 밖에 사는 아이들에게 던지는 것이 다니엘에게는 말씀을 실천하는 것이었다. 지금 열두 살이 된 다니엘은 선교사가 되는 것이 꿈이다. 그리고 그는 다시 그때의 그 아이들이 사는 아프리카로 돌아가기를 원한다.

그다음 선교지였던 시베리아에서 우리 가족은 눈이 펑펑 내리는 날이면 종종 다 함께 거리로 구걸하는 사람들을 찾아 나섰다. 그러고선 그들에게 하나님이 전하라고 주신 돈을 나누었다. 그런 날은 우리 가족 모두에게 최고로 기쁜 날이었다. 부족하고도 미약한 일이지만 우리가 하나님의 말씀을 따라 순종한 날이었기 때문이다.

순종의 길은 좁은 길이지만 그 길도 자꾸 가다 보면 넓어진다. 아이들에게 순종을 가르쳐야 한다. 단지 말 잘 듣는 아이가 아닌 하나님의 말씀을 순종하기 위해 애쓰는 아이로 양육해야 한다. 저녁이 오면 잠자리에 들기 전에 그날 삶에서 순종한 하나님의 말씀이 무엇인지를 나누라. 거장은 그렇게 우리들 집안에서 자라는 것이다.

아직 어린 나이인 마리아와 다윗 그리고 아나스타시아를 위해서 나는 아침마다 그들의 손을 잡고 기도한다.

"이 아이들의 아버지가 되시는 여호와 하나님! 오늘도 당신의 아이들을 축복하시고 이들이 하나님의 말씀을 순종하는 아이로 자라게 하시며 하나님의 나라를 위해 준비되게 하소서!"

이제 15개월 된 막내 마리아가 가장 잘 하는 말은 "아멘!"이다.

5장

꿈과 대가
-꿈은 아무나 꾸지만
그 가치는 치른 대가에 따라 모두 다르다

　누구나 꿈을 꾸지만 거룩한 사람들은 하나님이 주신 꿈을 꾼다. 사람들은 꿈을 꾸고 그 꿈을 이루기 위해 자신의 힘을 다 쏟아 넣지만 거룩한 사람들은 하나님이 주신 꿈을 이루기 위해 하나님과 동행하는 삶을 산다.

　요셉은 꿈을 꾸었지만 자신이 그 꿈을 이루지 않았다. 그는 항상 여호와를 신뢰했고 그와 함께했다. 하나님이 그를 높였고 그 꿈을 이루어 주셨다.

✦하나님의 계획 안에서
사람들은 꿈을 꾼다

하나님은 사람을 창조하셨지만 그들을 이 거대한 세상의 부속물로 만들지 않았다. 사람들에게 자신의 형상을 담으신(창세기 1:26) 이유는 그들을 통한 그분의 계획이 있었기 때문이다. 이 땅으로 보내심을 받은 모든 사람은 하나하나 다 소중하다. 한 사람 한 사람에게는 하나님의 꿈이 배어 있다. 믿음의 사람들은 그 꿈을 꾼다.

요셉은 꿈을 꾸었지만 그 꿈의 작가는 하나님이시다. 야곱은 형을 피해 도망가는 길가에서 꿈을 꾸었지만 그것은 하나님의 계시였다.

모세라고 왜 꿈을 꾸지 않았을까? 그는 비록 이집트의 왕자로서 젊은 시절을 보냈지만 자기 민족을 구원할 꿈을 위해 잠시 누릴 죄악의 낙을 버렸다. 그것은 하나님의 백성들과 함께 고난받는 것을 의미했지만 그리스도를 위해 받는 능욕을 애굽의 모든 보화보다 귀히 여겼다(히브리서 11:25-26). 이 땅에 우리가 보냄을 받은 이유는 그분의 꿈을 이루기 위해서다.

그것은
창조주의 그림이다

꿈은 자신이 꾸는 것이 아니다. 자신이 만드는 것도 아니다. 하나님 앞에 엎드려 그 삶을 드림으로써 그 꿈을 바라보게 되는 것이다. 모든 사람의 꿈이 다르듯이 하나님은 그 꿈을 이루기 위한 능력도 각자에게 주셨다. 그래서 부모들은 아이를 양육하며 그것을 살펴야 한다. 부모는 하나님이 주신 꿈을 찾아 주는 사람이지 꿈을 만들어 주는 사람은 아니다. 그래서 부모는 깨어서 기도해야 한다. 자신의 못다 한 꿈을 물려주어서도 안 된다.

세상의 모든 꽃이 각각의 아름다움과 향기를 지녔듯 세상의 모든 아이는 각기 다른 재능과 개성을 갖고 태어났다. 거기에는 누구도 더 뛰어나거나 열등하지 않도록 한 하나님의 손길이 묻어 있다. 그리고 그것은 자라면서 더욱 선명한 빛을 드러낸다. 만약 부모들이 자신의 생각이나 욕심을 거두고 아이에게서 하나님의 마음을 보려 한다면 생각보다 훨씬 쉽게 아이 특유의 색깔을 발견하게 될 것이다. 하나님이 주신 우리 아이에게서 찾아볼 수 있는 그림은 이 세상에서 가장 아름다운 창조주의 작품이다.

*꿈을 알면
  길이 보인다

하나님께서 우리 가정에 보내 주신 첫째와 둘째 아들이 모두 선교사가 되겠다는 꿈을 내게 말했을 때 나는 놀라지 않았다. 단지 우린 눈물로써 감사의 기도를 드렸다. 왜 그들이 선교사가 되려고 했는지를 난 알고 있었다.

어린 나이에 우리들보다 먼저 아버지의 곁으로 떠난 필립의 동생이자 다니엘의 쌍둥이 형이었던 다윗의 장례식을 마친 다음 날, 우리 가족은 미리 참석하기로 예정되었던 선교 수련회에 참석했다.

피곤에 지친 나는 먼 길을 겨우 운전을 하여 아내와 두 아들(이틀 전엔 세 아들이었지만)과 함께 그곳을 향했다. 수련회 장소에 도착한 나는 앉아 있지도 못해 누워서 강의를 듣고 예배에 참석했다. 2박 3일의 마지막 날 아침, 예배 시간에 하나님은 크고도 웅장한 자신의 음성을 내게 들려 주셨다. 그때까지 난 어린 아들의 죽음을 맞아 고별 예배를 인도하고 그 어린아이의 남은 몸을 땅속에 묻었지만 소리 내어 한번 울 수가 없었다. 그날 아침, 나는 그분이 하신 말씀을 들었다.

"내 아이를 내가 데리고 왔다. 나는 너를 욥처럼 대우했다. 내가 이 일을 허용했다."

나는 그 자리에서 그만 통곡하고 말았다. 그 울음은 아들을 잃은 슬픔이 아니었다. 그건 바로 우리 가족과 함께하시는 그분의 임재하심에서 나온 것이었다. 수련회를 마치고 돌아오는 길에 두 아들은 내게 말했다. 자신들도 그 길을 걸어가겠다고……. 그때 그들의 나이 겨우 일곱 살과 아홉 살이었다. 그 후 아이들의 삶은 선교사로 살며 선교사를 준비하는 일에 맞추어졌다.

위대한 피아니스트를 꿈꾸는 아이들이 나의 아이였다면 나는 그들이 피아노 앞에서 많은 시간을 보내게 했을 것이지만 하나님께서 내게 보내 주신 아이들은 선교사가 되기를 소원했기에 나는 우리의 어린 선교사들에게 국어 책 대신 성경 책을 읽게 하고 구구단 대신 성경 말씀을 암송하게 했다. 나는 그들에게 만화책을 주는 대신 세계 지도 책을 주어 함께 그 속을 비집고 다녔다. 그 후 하나님께서는 우리 가족을 다시 선교사로 부르시어 아프리카 대륙과 시베리아에서 살게 하셨다.

나는 그 소중한 하나님의 아이들과 함께 아프리카 초원을 뛰어다니며 하나님을 찬양했고, 나이 예순 살에 쉰 살과 스무 살의 아내를 남겨 놓고 이 땅을 떠난 마사이족 노인의 장례식에 참석하여 함께 울기도 했다. 서부 아프리카의 조그만 나라 감비아의 아이들과는 대서양 해변에서 함께 주의 떡을 나누기도 했으며 평생 처음 가 본 가나의 한 공항에서는 비행기가 연착되는 바람에 찌는 듯한 더위의 밤을 보내기도 했다.

시베리아에서의 우리는 3시간의 비행을 거쳐 내린 야쿠트 공화국의 영하 40도를 오르내리는 한 공항에서 돈을 바라며 검문하는 경찰에 연행되기도 했다. 이중 유리창의 지프차로 13시간을 달려서야 만날 수 있었던 소중한 시베리아 사람들과 밤을 새워 교제하기도 했다. 그리고 그때의 선교 여행은 다시 시베리아 열차로 52시간을 쉬지 않고 달린 끝에 마칠 수 있었다.

이 모든 것은 우리 가족이 선교사였기에 누렸던 행복이었고 우리 아이들이 선교사를 꿈꾸는 아이들이었기에 주신 하나님의 선물이었다.

*꿈은
꿈꾸는 자의 것이다

둘째 아이 다윗이 이 땅을 떠난 지 8개월하고도 15일 만에 우리 집엔 하나님의 나라로부터 한 공주가 도착했다. 나는 하나님이 그 아이의 이름으로 부활이라는 의미인 '아나스타시아'를 원하신다는 것을 알았다.

그 후 나는 하나님께서는 그 딸을 내가 어떻게 키우기를 원하시는지 알기 위해 간절히 기도하고 엎드렸다. 그런데 나는 그 하나님의 딸이 장차 한 나라의 왕비가 되리라는 것을 깨닫게 되었다. 몹시 당황스럽고 우습기도 한 기도의 결과였지만 난 아무렇지도 않게 받아들였다. 혹여 내가 잘못 깨달았을 수도 있다. 하지만 그것은 아무런 문제가 되지 않는다. 진리의 영이신 성령님께서 혹시 내가 잘못 알게 된 것이라면 내 생각을 고쳐 주실 것을 알기 때문이다.

그날 이후로 난 매일 아침 왕비가 될 딸아이를 위해 축복하고 기도한다. 내가 생각하기로 그 어떤 기도보다 가장 강력한 기도는 매일매일 드리는 끊임없는 기도다. 그래서 나는 날마다 하나님이 주신 그 꿈을 위해 기도한다.

우리 가족 모두는 아나스타시아가 왕비가 될 것을 의심하지 않는다. 그래서 나는 그녀에게 물었다. 왕비가 되면 아빠는 뭘 시켜 주겠냐고……. 그녀는 망설임 없이 대답한다.

"자장면!"

그녀는 지금도 왕비 수업을 받고 있다. 내가 싱가포르에서 유학할 때 그녀는 그곳에서 발레 학교에 다녔다. 무엇보다도 그 아이가 학교 다니기를 좋아했고 학비가 저렴했다. 실제로 그녀는 1년 동안 한 번도 결석하지 않았다. 그리고 요즘은 그녀에게 성악을 가르친다. 나의 전공이기 때문에 내게도 쉬운 일이고 그녀 또한 그것을 즐긴다. 그리고 그녀는 혼자서 그림을 즐겨 그린다. 그 일을 위해 내가 지금 할 수 있는 일은 그림 그릴 종이를 주는 일이다.

나는 아이들에게 내가 할 수 있는 것을 한다. 여건과 환경을 따른다. 결코 무리를 하거나 강요하지 않는다. 흐르는 물이 바다를 향한다.

하나님은
꿈만 주시는 분은 아니다

사람들은 흔히들 말한다. 자녀를 잘 가르치려고 해도 여건이 안 되고 능력이 안 된다고. 하나님은 자녀를 주실 때 모든 사람에게 자녀를 양육할 수 있는 여건과 능력을 함께 주신다. 하지만 사람들은 자신들이 정해 놓은 기준을 신뢰하여 하나님이 주신 것들을 눈여겨보지 않는다. 그래서 자신들이 만족할 만한 여건을 갖추느라 소중한 아이를 실제로 양육하는 일을 소홀히 하고 자신들보다 능력 있는 사람을 찾아다니느라 자신의 아이를 내버려 둔다.

우리에게는 하나님이 보내 주신 아이들이 있고 또 그 아이들의 아버지이신 주님이 계신다. 우리가 그 아이들 때문에 걱정하는 것은 하나님께 무례한 일이다. 그리고 아이들을 부담스럽게 생각하는 것은 그분께 대한 실례다.

하나님이 우리를 부르신 것은 성공을 위해서가 아니라 충성을 위해서라고 인도의 테레사 수녀는 말했다. 이 세상에서의 성공이 하나님 앞에서의 충성이 아니다. 충성스러운 삶이 바로 성공인 것이다. 하나님이 주신 꿈을 소중히 간직하되 충성스럽게 살아야 한다. 그것이 성공이고 꿈을 주신 그분이 바라시는 일이다.

오늘도 하나님이 주신 소중한 아이에게 그분의 말씀을 가르치고 함께 묵상하고 실천하는 것이 충성스러운 일이다. 말씀대로 살아가는 것이 충성이다. 이 세상의 제도나 교육, 풍조를 하나님의 말씀보다 신뢰하는 것은 불충성이다. 그것은 또한 오만이며 근무 태만이다.

*하루하루 사는 만큼
   이루어지는 꿈

삶은 도박이 아니다. 요셉처럼 살아야 요셉처럼 되고 사무엘처럼 살아야 사무엘처럼 된다. 꿈이 있는 사람은 꿈을 따라 하루하루를 살아가야 한다. 꿈이 그저 꿈이 되지 않기 위해서 말씀을 따라 사는 현실이 있어야 한다.

꿈이 있는 사람은 행복하다. 그리고 그 꿈이 아름다울수록 그 길은 깊고 어두운 고난이라는 터널로 이어진다. 하지만 그것은 잠시다.

6장

고난과 인내
-인내의 먹을 갈아라,
고난의 마침표를 찍기 위해

고난을 모르는 거장을 우린 만난 적이 없다. 고난은 때로 우리에게 고통을 주고 눈물을 흘리게 하지만 고난을 모르는 성공을 우린 신뢰할 수 없다. 거름이 나무를 썩게 하는 것이 아니고 나무를 자라게 하고 실한 열매를 맺게 하듯이, 고난은 사람을 실패로 이끌지 않는다.

*고난은 거장으로 가는
마지막 휴게소다

고난을 아직 경험하지 않은 사람이 있다면 그는 아직 가야 할 길이 멀다. 물론 고난을 당한다고 다 성공하는 것은 아니다. 고난을 당할 때 인내하며 기도에 힘써야 할 것을 성경은 가르친다(로마서 12:12).

한나가 당한 고난은 그녀로 하여금 무릎 꿇어 사무엘을 구하게 했다. 가슴에 파묻혀 우는 모세를 안은 요게벳에게 닥친 고난은 그녀로 하여금 하나님 외에는 바라볼 것이 아무것도 없음을 가르쳐 주는 최고의 스승이 되었다. 당시의 요셉 자신은 몰랐지만 그에게 홀연히 다가왔던 고난은 그를 이집트의 정가로 진출하게 하는 등용문이 되어 주었다.

*부모는 아이에게
고난을 가르치는 것을 꺼린다

믿음의 사람들에게 닥치는 모든 환란이나 고통에는 뜻이 있다. 그렇기에 그것들과 함께 이길 힘을 주시는 하나님을 신뢰하고 믿음으로 인내해야 한다. 고난은 인생에 주어지는 가장 큰 선물 중의 하나다. 고난으로 말미암아 사람은 겸손을 배우며 그것으로 인해 성공의 자리를 지킬 수 있게 한다.

그래서 부모가 고통을 당할 때는 자녀들과 함께 그것을 나누어야 한다. 숨기려 하지 말고 그 고난을 주 안에서 이겨내는 법을 함께 배움으로써 가르쳐야 한다. 왜냐하면 고난은 인생의 특별한 시점에만 찾아오는 선물이기 때문이며 부모와 함께하는 고난으로 말미암아 자녀는 큰 두려움 없이 그것을 경험하는 좋은 기회를 얻기 때문이다. 그리고 그 자녀들은 자신들에게 고난이 닥칠 때 인내로써 극복한 그 부모를 기억하여 부모처럼 이겨낼 것이다.

✦ 고난을 나누라

우리의 삶에서 허락된 고난은 하나님의 특별한 배려가 묻어 있는 은혜이다. 그것이 욥처럼 그의 잘못이 아닌 사탄의 질투로 인해 생긴 하나님과 사탄 사이에서 벌어진 진실 게임에서 비롯된 것이든 다윗처럼 자신의 과오나 실수로 인해 생긴 하나님의 징계(히브리서 12:8)든 우리가 인생에서 만나는 값진 은총이다.

화창하게 갠 어느 날, 시베리아의 한 강가에서 만났던 러시아 정교회의 한 사제를 나는 기억한다. 백발이 성성했던 그는 "우리가 당하는 질고야말로 크나큰 축복이 아닐 수 없으며 우리가 질병 가운데 있을 땐 아무도 죄를 짓지 못한다. 그것이야말로 은혜가 아니고 무엇이겠는가?"

자신의 과오나 실수로 인해 겪게 되는 고난을 가족에게 숨기지 않고 드러내어 고백하는 아버지는 결코 부끄러운 아버지가 아니다. 그것으로 이미 그 아버지는 가족과 더불어 다시 일어설 준비를 끝낸 것이나 다름없다. 결코 그의 가족들은 그것으로 인해 아버지를 원망하지 않을 것이고 진실된 아버지로부터 다시는 실패하지 않을 소중한 인생을 배우게 될 것이다.

어떤 아픔, 상처, 과오든 간에 밝은 햇빛 아래 드러내 놓으면 치유되고 회복되고 우리 몸은 다시 건강해진다. 대신 숨긴 일이나 덮은 일 그리고 은폐하려는 것은 어둠의 영에 속한 것이고 그러한 일을 통해 사람은 어둠의 자식이 된다. 다른 얘기지만 담배를 피우는 일은 육체의 건강에 해로운 일이지만 몰래 피우는 담배는 영의 세계까지 망쳐 놓는다.

반면 자신의 잘못 없이 당하는 고난을 가족에게 나누는 어머니는 자랑스럽다. 그 일을 통해 모든 가족은 곧 닥치게 될 축복을 알게 될 것이며 주 안에서 그 가족을 하나 되게 할 것이다.

지금 다섯 살배기 다윗은 자신이 아플 때 제일 먼저 내게로 와서 기도해 달라고 말한다. 그러면 우리 가족 모두는 그때까지 하던 자신들의 일을 놓고 둘러앉아 기도한다. 때론 나도 아플 때가 있다. 그러면 나도 다윗에게 말한다. 그러면 그도 나에게 손을 얹어 기도한다.

얼마 전 나는 사역하던 교회를 그만둔 적이 있다. 내가 이해할 수 없는 이유로 사임을 종용당한 것이다. 물론 그 며칠 전에 주님은 그 교회를 떠나라고 내게 말씀하셨기 때문에 난 당황하지 않았다. 그래서 난 아내와 아이들을 모아 놓고 우리가 이 정든 교회를 떠나야 하는 이유를 설명하고 이젠 그때가 되었다고 말했다.

하루아침에 정든 교회당 위층의 사택을 떠나 한 달에 20만 원을 지불하는 월셋집으로 이사를 가야 했지만 아이들은 결코 흔들리지 않았고 우리의 행복은 그대로였다. 나는 바닷가에 사는 것이 평생 소원이었다. 바다에서 50미터도 떨어지지 않은 허름하지만 정겨운 집으로 그날 우리는 웃으면서 이사를 했다. 지금 나는 파도 소리를 들으며 이 새벽, 가족들이 잠든 방에서 이 글을 쓴다.

하나님은 우리 모두에게 행복의 때를 함께 기뻐하고 환란의 날을 함께 이겨나가라고 과분하고도 소중한 가족을 주셨다. 무엇이든 나누어야 한다. 숨기는 것은 사탄의 영역에 속한 일이다.

*내 인생에 가장
어두웠던 밤

나는 지난날 항상 나의 과거 때문에 우울했다. 이혼한 젊은 남자가 어린 세 아들과 함께 살아가는 것 자체가 무척이나 힘들고도 부끄러운 일이었다. 특히나 그 일은 어린 아들들에겐 고개조차 들 수 없는, 죄책감이 밀려드는 원죄와도 같은 것으로써 나를 떠나지 않았다. 혼자된 남자가 아무리 잘 해 먹이고 입힌다 한들 아이들의 행복을 채워 주기엔 너무나도 막막했다.

그러던 어느 날 초등학교를 갓 입학하여 1학년에 다니고 있던 필립이가 학교에서 돌아와 불쑥 말했다.

"난 이제 아빠와 엄마랑 같이 살고 싶어요."

난 '이제 올 것이 왔구나!'라는 떨리고도 부끄러운 심정으로 그간 졸였던 가슴을 풀며 말했다.

"이제 우린 엄마랑은 함께 살 수가 없어."

"왜요?"

눈이 동그래진 필립은 놀라 되물었다.

"엄마는 이미 다른 아빠랑 살아!"

아빠의 그 말에 눈물을 글썽이며 놀라 울지도 못하던 아이, 필립을 안고 나는 그날 밤 꺼이꺼이 소리를 내며 가슴이 찢어질 것을 두려워하면서도 울고 또 울었다. 그날이 내 인생의 가장 슬프고 어두운 날이었다.

"그러면 아빠! 이제는 다른 엄마 데리고 와. 나 내일 학교에 엄마 데리고 가야 해. 선생님이 말씀하셨어. 내일은 엄마와 함께 학교에 오라고 말이야."

아빠는 무엇이든지 가능하다고 믿었던 초등학교 신입생 아이 필립은 새엄마도 그렇게 장난감 사오듯 데려올 수 있다고 여겼던 모양이다.

나는 그날 밤 하나님께 울면서 조아렸다. 이 아이들에게 세상에서 가장 훌륭한 엄마를 달라고. 나는 열흘 밤을 그렇게 울며 기도했다. 아이들의 엄마가 될 사람의 얼굴을 보여 달라고, 나는 이제 삶의 용기를 잃어버려 여자를 찾을 자신이 없다고, 나는 무릎을 조아리고 울고 또 울었다.

✴️내 인생에 홀연히
   찾아온 빛

꿈을 꾼 것은 기도를 시작한지 열흘 째 되던 날이었다. 밤에도 옷은커녕 양말도 벗지 않고 기도하다 잠들었고, 잠들었다가 다시 깨어 기도했다. 그렇게 나는 나의 여러 밤을 그분께 드렸다. 다시는 실패하지 않을 가정을 내게 달라고. 내게 그 얼굴을 보여 주기

전에는 다시는 여인을 만나지 않겠다고 떼를 썼다.

꿈을 꾼 아침 나는 놀라서 앉았다. 내가 꿈속에서 본 그 얼굴의 여인은 다름 아닌 러시아 사람이었다. 그녀는 전에 모스크바에서 내가 섬겼던 교회에 자신의 할아버지, 할머니를 따라 간혹 예배에 나온 적이 있었던 여학생이었다. 이름도 모르고 나이도 모르는, 그저 우리 교회에 다녔던 기억만 남아 있는 사람이었다.

그 후 똑같은 꿈을 몇 번을 더 꾼 뒤 나는 나의 어머님과도 같은 전도사님께 연락을 드렸다. 전에 모스크바에서 나와 함께 동역했으며 내가 전에 섬겼던 교회에서 사역하고 계시는 분이었다. 며칠 후 그분의 전화를 받고 난 놀라지 않을 수 없었다. 내가 꿈에서 만난 그녀를 그 전도사님이 수소문하여 만났는데 그녀 역시 나에 관한 꿈을 꾸었다고 말하더라는 것이다. 그래서 그녀는 기적처럼 우리 아이들의 엄마가 되었다. 그 후 우리는 둘째 아이 다윗의 죽음을 통해 함께 애통을 나누었고 하나님의 한 가족으로 고난의 골짜기를 함께 걸었다. 마침내 하나님은 우리 가족을 세상에서 가장 행복한 가정들 중의 하나가 되는 축복을 주셨고 그녀를 통해 네 명의 아이를 더 태어나게 해 주셨다. 그리고 꿈에서 본 그 여인은 이제 여섯 아이의 사랑과 존경을 받는 행복한 여인이 되어 우리와 함께 있다.

✦인내의 먹을 갈아라,
고난의 마침표를 찍기 위해

참고 견디는 것은 고통의 눈물을 삼키는 일이지만 그 눈물은 축복의 밭을 적신다. 울지 않고서는 기쁨의 단을 거둘 수가 없다(시편 126:5-6). 짐승과는 달리 두 발 가진 사람은 넘어질 수밖에 없는 운명을 가졌다. 그래서 사람은 짚고 일어설 수 있는 손이 있는 것이다. 우리는 넘어졌다 다시 일어서려고 할 때 손을 땅에 짚고서 인내를 배운다. 그래서 유대인 엄마들이 넘어진 아이를 일으켜 세우지 않고 아이 자신의 손으로 일어나기를 기다리나 보다.

고난의 날을 인내하고 자녀들에게 그 인내를 알게 해야 한다. 고난을 당할 때 타인의 힘으로 그것을 극복하는 기회를 우리 아이들이 얻었다면 그것은 그들이 인생에서 마약을 경험한 것과 같다.

인생에 있어 고난은 가장 큰 축복이며 그것과 함께하는 인내는 인생 최고의 경험이다. 고난은 눈물이고 인내는 땀이다. 그 두 액체는 우리 인생을 승리로 이끄는 최고의 에너지다. 하나님의 자녀에게 그것을 상속하라.

야곱이 그의 아들 요셉에게 상속한 것은 수많은 양 떼가 아니었다. 요게벳이 눈물의 아들 모세에게 상속한 것은 연약한 모정(母情)이 아니었다. 한나가 그의 아들 사무엘에게 상속한 것은 장자의 권한이 아니었다.

그들 위대한 어머니와 아버지는 그들의 고난과 인내의 삶을 통해 눈물과 땀을 물려주었으며 마침내 시대의 거장들로 그들을 이 세상에 있게 했다. 고난은 저주가 아니다. 인내는 수치가 아니다. 고난은 우리에게 다가오는 하나님의 축복 꾸러미를 감싸는 포장지며 인내는 그 선물 꾸러미를 휘감고 있는 노끈을 푸는 행복한 놀이다.

7장
용서와 치유
-거장은 용서로써 승리를 노래한다

❋상처 입은 영혼들

이 세상에 사는 사람 중 상처를 받지 않았던 사람이 있을까? 상처는 아픔의 흔적이지만 그 자체는 나쁜 것이라고 말할 수 없다. 과거가 없는 현재가 없듯이 현재의 상처가 어떻게 치유되느냐에 따라 그 미래는 달라진다. 그래서 평범하지 않았던 과거를 지녔던 사도 바울은 "누구든지 그리스도 안에 있으면 새로운 피조물이라 이전 것은 지나갔으니 보라 새것이 되었도다(고후 5:17)."

187

라고 말했다.

상처받은 심령은 하나님의 은혜가 임할 때 치유된다. 잘 치유된 상처는 우리로 하여금 더 큰 삶의 용기와 힘을 주지만 치유되지 않은 상처는 자신에게뿐만 아니라 다른 사람의 삶에도 부담을 준다. 그리고 사람에 따라 더러는 치유되지 않은 상처가 또 다른 중독의 문제로 발전한다.

✦상처는
용서로 치유한다

용서하는 일은 상처받은 자의 몫이다. 그래서 용서는 쉽지 않다. 하지만 상처를 입힌 사람 역시 그 일로 인해 자신도 상처를 입는다. 그것은 상처를 입은 사람에게 용서를 받기까지 자책감과 죄책감의 문제로부터 자유로울 수 없기 때문이다.

피해를 입은 사람이 선뜻 용서하는 일은 어려운 일이지만 만약 용서를 할 수만 있다면 그는 어떤 사람보다 놀라운 축복의 사람이 될 수 있다. 그가 하는 용서로 인해 자신이 치유되며 타인을 회복시킬 수 있기 때문이다.

용서하는 일은 참으로 어려운 일이지만 자신도 누군가로부터 용서받은 사실을 기억한다면 불가능한 일은 아니다.

*우린 모두 용서받은 자이다

크리스천의 겸손은 용서로부터 온다. 세상의 모든 크리스천은 하나님을 만난 날, 용서를 체험했다. 그 놀라운 사죄의 은총으로 말미암아 우리는 새로운 피조물이 되었고 우리 눈앞의 세상이 달라졌다. 그렇기에 하나님을 따르는 사람들에게 겸손의 문제는 그들이 따라야 할 높은 덕목 중의 하나가 아니라 마땅한 본분이 되었다. 그렇기에 형제를 용서하기를 일곱 번 해야 하는지 묻는 베드로의 물음에 그의 스승 그리스도는 일흔 번씩 일곱 번이라도 그러해야 한다고 대답했다(마태복음 18:21-22).

*승자는 용서로써
그 승리를 선포한다

야곱의 아들 요셉은 이집트의 총리가 됨으로써 출세한 사람이 되었지만 그의 승리는 단연 그가 한 용서로써 팡파르를 울렸다. 그의 황금과도 같은 13년의 젊은 세월을 암울의 밑바닥으로 던져버린 형님들의 발길질을 요셉은 보기 좋게 용서했다. 이로써 그는 진정 인간의 역사 속 가장 아름다운 용서의 사람으로 우리 가슴 속에 기억된다. 요셉이 총리가 되던 날, 시위대장인 보디발의 부인은 심정이 어떠했을까? 하지만 요셉은 하나님이 그에게 허락하신 애굽의 두 번째 권력을 한 여인을 향한 복수에 사용하지 않았던 가슴 큰 남자였다.

과연 요셉의 그 남자답고 위대한 가슴은 어디서 나온 것일까? 세상 뭇 남자들의 좁은 가슴을 부끄럽게 만드는 그의 용기는 과연 어디서 만들어진 것일까?

✦ 야곱이 받은 용서

그를 죽이려는 형의 노여움을 피해 지팡이 하나만을 의지한 채 요단을 건넜던 야곱은 메소포타미아에서 그의 삼촌과의 삶을 정리했다. 그리고 20년 만에 두 아내, 두 여종, 열 한 명의 아들과 수많은 양 떼, 염소 떼, 약대 떼, 소 떼와 함께 그의 아비가 살던 땅을 향해 다시 강을 건너는 그는 거부가 되어 있었다.

하지만 야곱이 가장 두려워한 사람은 그가 붉은 죽 한 그릇으로 장자의 명분을 샀던 그의 형 에서였다. 야곱은 장자였던 형을 속이고 아버지 이삭으로부터 장자 축복을 받았다. 20년 만에 그를 만나러 나오는 형이 야곱에게는 하나님과 같은 존재였다(창세기 33:10).

하지만 야곱은 그가 괴롭혔던 형 에서로부터 놀랍게도 용서를 받는다. 너무나도 큰 두려움에 떨었던 야곱은 그렇게 쉽게 형으로부터 용서를 받은 것이다. 그것은 야곱이라는 이름을 이스라엘로 바꾸어 주신 하나님의 은혜였다.

야곱에게 있어 요셉은 자신의 마지막 아들 베냐민을 출산하다 길가에서 죽은, 그가 가장 사랑했던 아내 라헬의 장남이었다. 또한, 다른 아들로부터 구별해 채색옷을 입혔던 것도 요셉이다. 가장 사랑했던 총명한 아들 요셉에게 야곱은 자신의 인생에 대해 들려줄 때 자신이 형으로부터 받았던 그 용서 얘기를 결코 빠뜨리지 않았을 것이다. 그리고 야곱은 자신의 아버지였던 이삭이 팠던 우물을 빼앗기고 또 빼앗기면서도 원수에게 대항하지 않고 또 다른 우물을 파고 또 팜으로써 결국 하나님이 그의 아버지 이삭의 지경을 넓게 하셨던 이야기(창세기 26:22)도 잊지 않고 아들 요셉에게 전했을 것이다. 불의에 대항함으로써 물리치는 것이 아니라 용서로써 그 악함을 이겨내던 자신의 아버지 이삭의 삶을 아들 요셉에게 어찌 가르치지 않을 수 있겠는가. 그리고 삼촌의 축복 속에 살아가면서도 항상 자신의 욕심만을 차렸던 조카 롯을 늘 용납했던 자신의 할아버지 아브라함의 역사를 요셉에게 전했을 것이다. 그러한 가르침 속에 있었기에 야곱의 열한 번째의 아들 요셉이 용서의 거장으로 그 시대 가운데 있을 수 있었다.

용서는 학교에서 배우는 과목이 아니다. 용서를 실천하는 부모의 삶에서 그 부모의 자녀는 용서를 배운다.

용서를 받은 자가
용서를 안다

야곱은 형의 용서를 받기 위해 그가 가진 것을 형에게 주었다. 200마리의 암염소, 20마리의 숫염소, 200마리의 암양, 20마리의 숫양, 젖 나는 약대 30마리와 그 새끼들, 암소 40마리, 황소 10마리, 암나귀 20마리 그리고 새끼 나귀 10마리였다. 에서는 이를 거절했지만 야곱은 그것을 형에게 주었다.

값싼 용서는 없다. 하나님은 우리가 그리스도를 믿으므로 우리에게 거저 구원을 주셨지만 그리스도는 우리를 용서하기 위해 자신이 십자가에서 보혈을 흘렸다. 값싼 용서는 용서하는 자를 거만하게 하지만 고귀한 용서는 용서받는 자를 변화시킨다.

용서는 용서받는 자가 누리는 것이지만 용서하는 자는 위대한 사람이다. 그들은 용서함으로써 사람을 회복시키며 그로 인해 자신은 놀라운 축복의 사람이 된다.

막달라 마리아는 매춘부에다 일곱 귀신이 들린 여인이었다. 나는 그녀가 매춘을 통해 귀신이 들렸다고 생각한다. 하지만 예수님을 만난 그녀는 가장 거룩한 여인이 되었다. 예수님이 그녀를 용서하셨기 때문이다.

삭개오도 마찬가지다. 그는 다른 사람의 재산을 착취하는 로마 정부의 앞잡이였다. 그러나 예수님께서 그를 용서하시자 그는 곧 바로 하나님의 사랑을 입은 자가 되었다. 이것이 하나님이 용서를 통해서 영혼을 구원하는 귀중한 원리이다. 용서는 다른 사람의 인생을 변화시킨다. 용서를 모르는 사람은 거장이 될 수 없다.

⁺용서의 놀라운 힘

아이들에게 한 번도 상처를 주지 않은 어머니가 있을까? 자녀를 소홀히 다룬 경험이 없는 아버지가 이 땅에 있을까? 그것이 아픈 기억으로 남아 있을지라도 우린 아이에게 용서를 구하고 용서를 받아야 한다. 그들이 태중에 있을 때부터 우리가 했던 적절하지 못한 생각이나 언어, 그들이 보지 않을 때 행했던 부모로서 당당하지 못했던 행동, 가정의 축복을 책임진 아버지로서 마땅하지 않았던 삶과 아이들의 인격의 밭인 어머니로서 함부로 던졌던 말들……

자녀의 손을 부여잡고 가슴으로 하는 사과하며 용서를 구하는 부모를 아이들은 결코 부끄러워하지 않을 것이다. 대신 그런 어머니와 아버지를 닮아 갈 것이며 용서받고 용서하는 하나님의 아이로 그들은 자랄 것이다.

그리고 아이들의 잘못을 결코 눈감아 주지 말고 그것이 무엇이 잘못된 것인지를 분명히 알게 하고 화를 내지 않고 매를 들어야 한다. 그리고 충분히 용서하여 아이들이 용서받는 기쁨을 누리게 해야 한다. 그 일을 소홀히 하고 게을리한 엘리 제사장은 그의 아들들을 죄 잘 짓고 일찍 죽은 젊은 제사장이 되게 했다.

실수하지 않는 아이가 이 세상 어디에 있을 것이며 용서받은 경험이 없는 아이가 어떻게 남을 용서할 수 있을까? 그리스도로부터 받은 용서를 자신의 가장 큰 재산으로 알게 하여 과오를 범했을 때 잘 고백하여 용서를 얻고, 사과를 받았을 때 용서를 잘하는 아이로 하나님의 아이들을 양육해야 한다. 그들이야말로 거장의 밭에서 자라나는 떡잎만 봐도 될성부른 거목들이다. "미안해, 엄마가 잘못했어."라고 말하는 엄마가 되어 "죄송해요, 제 잘못이에요."라고 먼저 고백하는 아이를 양육해야 한다. 그런 축복된 아이는 실수하되 결코 실패하지 않는 거장으로 하나님 나라를 위해 당신의 집안에서 자랄 것이다.

아버지의 삶이 가정의 축복을 열고,
어머니의 가르침이 아이들의 인격을 만든다

어제 딸아이가 나에게 하소연했다. 오빠가 자기에게 하는 말투에 기분이 상한다고. "왜 오빠가 우리 공주 마음을 상하게 했을까?"라고 과장되게 소리를 쳤지만 그 말을 듣는 순간 나는 마음이 아팠다. 다니엘은 왜 그런 말투로 동생을 대했으며 아나스타시아는 또 얼마나 마음이 아팠을까? 한동안 마음이 슬펐다. 그래서 나는 어떻게 하면 그 문제를 해결할 수 있을지를 기도하며 하나님께 여쭈었다. 그런데 그 해답을 듣는 데는 그리 긴 시간이 필요하지 않았다. 동생의 마음을 상하게 한 다니엘의 말투는 바로 내가 다니엘에게 한 말투에서 비롯된 것이었다. 다니엘을 나무라려고 했던 나는 너무나도 부끄러워 나의 말투를 바꿀 것을 결심하고 하나님께 도움을 청했다. 세상의 선생들은 가르치는 것이

전부지만 우리의 스승 예수 그리스도는 행하시며 가르치셨다(사도행전 1:1).

거장들의 학교 교사는 바로 부모이다. 그들은 하나님을 만나 삶이 변화했고 자신의 힘과 능력에 의지하지 않고 스승이신 예수 그리스도를 신뢰하며 따른다. 그들은 말로써 자녀들을 가르치는 사람들이 아니라 자신의 삶으로써 하나님의 귀한 아이를 양육하는 사람들이다.

✻ 아버지의 삶이 가정의 축복을 열고
어머니의 가르침이 아이의 인격을 만든다

우리가 사는 이 삶에서 가장 중요한 것은 과연 무엇일까? 우리는 무엇을 위하여 살아야 할까? 우리는 자신의 삶을 주체적으로 살아갈 수 있다. 그러나 우리가 그 삶을 만드는 것은 아니다. 우리는 이 땅에 보냄을 받아서 왔고 또 언제가 이 땅을 떠나게 될 것이다.

이 땅에서 우리의 진정한 삶의 목표는 우리를 지으시고 보내신 하나님을 기쁘게 하는 것이다. 그리고 그분 역시 우리가 이 땅에서 행복하기를 원하신다. 그분은 우리가 가정 안에서 그분을 기쁘게 하기를 원하시고 우리의 가정이 행복하기를 원하신다.

그분께서 이 땅에 만드신 유일한 공동체는 가정이다. 그래서 그 분은 사람을 지으신 첫날에 가정을 만드시고 축복하셨다. 하나님 은 그 가정이 아름답기를 원하시고 그 아름다운 가정이 축복받 고 번성하기를 원하신다.

✦심은 대로 거둔다

아버지는 삶으로 그 가정에 축복을 열고 어머니는 가르침으로 아이들의 길을 연다. 아무도 보는 이 없는 곳에서 사는 아버지의 삶은 무대 위의 공연은 아닐지라도 하나님은 이를 보시고 그들의 가정을 축복하신다. 어머니의 가르침은 대학 강단 위의 수업은 아니지만 아이들의 삶으로 그 열매가 나타나는 두렵고도 거룩한 삶이다.

유대인은 피를 중시하는 민족이다. 그래서 그들은 국제결혼을 탐탁지 않게 여긴다. 그들이 정하는 유대인은 분명히 어머니가 유대인이어야 한다는 것이다. 그래서 유대인 남자와 이방인 여자 와의 결혼에서 태어나는 자녀는 유대인으로 인정하지 않는다. 하 지만 유대인 여자와 어떤 민족의 남성이 결혼하든 그 사이에서 태어나는 아이들은 유대인이 된다. 그리고 그들은 맞벌이 부부가 되는 것을 꺼린다. 그 이유는 자녀를 진정한 유대인으로 키우기 위해서다. 불가피한 이유로 어머니가 직장을 갖게 되더라도 분명히 자녀가 학교에서 돌아오는 시간이 되면 그 어머니는 집안에 있어야 한다.

✦조금만
가난하게 살기를 각오한다면

조금 더 일하여 돈을 더 버는 것보다 자녀와 조금 더 함께 있어 가르침으로 아이의 삶을 부요하게 하는 부모는 위대한 사람들이다. 대학 하나를 설립하여 사회를 위해 내어 놓는 것보다 잘 키운 자식 하나를 세상에 보내는 것이 더 위대한 영향력을 사회에 보태는 것이라고 나는 정말 믿는다. 하나님의 나라는 바로 하나님의 말씀 안에서 양육받은 그리스도인의 자녀들을 통해 이 땅에서 이루어진다. 재벌들의 많이 배운 아이들이나 위대한 정치가들의 장성한 아이들보다 가난하지만 말씀의 회초리를 들고 눈물로 자녀의 뼈를 굵게 했던 어머니들의 아이들이 항상 이 시대를 이끌어 왔다.

사회와 사역에 나 자신을 주는 것보다 아이들에게 많은 시간과 열정을 들이는 것이 남보다 가난한 삶을 살게 만든다 하더라도 난 기꺼이 그 길을 선택하겠다. 그것이 나를 한 가정의 아빠로,

하나님의 딸인 한 여인의 남편으로 이 땅에 보내신 그분의 뜻을 따르는 일이며 내 아이들을 그 누구보다도 부유하게 하는 일이기 때문이다.

이제 선택은 당신의 가슴에 달렸다. 만약 당신이 하나님의 위대함을 믿는다면, 성경이 그분의 입김으로 엮인 책이라는 사실을 진정으로 믿는다면 그분 앞에 무릎을 꿇으라. 그의 아들 예수 그리스도를 십자가에 죽게 하여 우리를 구원하신 그분의 사랑은 결코 당신을 홀로 버려두지 않을 것이다. 그분만을 신뢰할 당신을 위해 위대하신 당신의 하나님은 그의 영이신 성령님을 또 다시 이 땅에 보내 주셨다. 당신과 당신의 자녀들을 부요하게 하시기 위해.

나는 이 땅의 가장 연약한 존재지만 이 책을 읽고 결심하는 당신을 위해 죽는 날까지 기도할 것이다.

그리고 나는 여러분을 위해 기도하는 일을 중단함으로써 여호와께 범죄하지 않을 것이며 계속 선하고 옳은 것을 여러분에게 가르칠 것입니다(사무엘상 12:23, 현대인의 성경).